HUGIBOOKS

我的情緒解讀筆記

THE LANGUAGE OF EMOTIONS WORKBOOK:
A Practical Guide to Reveal the Wisdom in Each of Your Feelings

我現在感覺如何?
我怎麼了? 我該怎麼辦?
17種情緒即刻應對方案

作者──卡拉・麥拉倫 Karla McLaren
譯者──王子敏

作者的話 ··· 7

第一部　各種情緒中蘊含的智慧

情緒是什麼？它們為什麼產生？ ························· 14
發掘你已經具備的情緒技能 ································ 16
認識情緒的獻禮與技能 ······································· 24
關於情緒的自我問答 ··· 26
情緒如何運作（以及如何有技巧的處理它們） ····· 28
成為情緒高手的 4 個關鍵 ···································· 36

第二部　同理心正念練習

什麼是「同理心正念」練習？ ····························· 46
接地並集中注意力 ·· 47
親手接地練習 ·· 49
定義你的界限 ·· 51
有意識的抱怨 ·· 60
與夥伴一起有意識的抱怨 ··································· 64
道德同理八卦 ·· 68
燒毀心理契約 ·· 73
重新協議心理契約 ·· 78
回春 ··· 83

第三部　17 種情緒

憤怒家族

憤怒：高貴的戒哨兵 …… 89
冷漠（或厭煩）：憤怒的保護面具 …… 94
羞愧與罪惡感：恢復正直 …… 99
仇恨：看透一切的鏡子 …… 105

恐懼家族

恐懼：本能、直覺與行動 …… 113
焦慮：專注、動力與完成 …… 117
混亂：恐懼與焦慮的療癒面具 …… 125
嫉妒：關係雷達 …… 130
羨慕：互動雷達 …… 135
立即恐慌：強大的保護者 …… 140
定格恐慌：治癒的見證人 …… 144

悲傷家族

悲傷：水瓶 …… 151
哀慟：靈魂的深河 …… 155
情境型憂鬱：巧妙的停滯狀態 …… 160
自殺衝動：黎明前的黑暗 …… 165

幸福家族
　幸福：愉悅與可能性 ………………………………………… 171
　滿足：讚賞與認可 …………………………………………… 175
　喜悅：親和力與交流 ………………………………………… 180

第四部　支持你的情緒生活
多少情緒算是太過？ ……………………………………………… 186
情緒詞彙表 ………………………………………………………… 193
其他非特定情緒詞 ………………………………………………… 200
參考資源 …………………………………………………………… 202

作者的話

很高興你翻開此書,歡迎來到動人的情緒世界。數十年來我探索、學習、研究情緒之中所蘊含令人驚嘆的智慧,我很開心能與你分享這些智慧與其療癒本質。

不過,我明白你不是這樣看待情緒的,在你的經驗中可能將情緒視為問題,不論對自己或其他人的表現都這樣看待。你所學到的可能是某些情緒是負面或者不必要的,而某些情緒屬於正面的,應該盡可能頻繁的感受到才好。

但是你或許也和多數人一樣,還不明白這些重要的事:

1. 情緒是什麼?
2. 為何情緒會出現?
3. 情緒是怎麼運作的?
4. 如何有技巧的處理各種情緒?

多數人沒有受過什麼情緒教育,當情緒出現時,我們通常不知道該怎麼做。即使是我們日常使用的語言,都可以看出我們不太知道如何運用可行的方式與情緒連結。

舉例來說,當你想到「情緒性的」(emotional)這個詞的時候,你腦中會想到什麼?情緒性的人很睿智?還是他們很不理性呢?是腳踏實地專心一致,還是不穩定呢?情緒性的人值得信任嗎?還是你會想要離他們遠一點呢?

當你或有人被稱為情緒性的,那代表什麼意思?花些時間寫下一位情緒性的人可能會呈現出來的特質。

對多數人來說,「情緒性」一詞帶有負面的意涵,當我們說某人(或自己)情緒性,那可不是一種稱讚!感受與展現情緒已經變成一個問題,而這對任何人都沒有幫助,因為情緒是我們之所以能夠思考、做決定、行動、夢想與愛的基本配備。情緒讓我們能夠與自己、與他人、與我們的周遭世界連結。

而「情緒性」這個說詞非常草率,因為我們甚至不知道在講的是哪些情緒。我們在情緒性的人身上看見的是憤怒,或者看到悲傷、喜悅、焦慮、羨慕、恐慌、幸福還是羞愧呢?出現了哪些情緒?還是那不重要呢?

事實上,那很重要,因為情緒對於凸顯你是怎樣的一個人,是非常必要的元素。

了解情緒對於身心健康至關重要

每個想法、每個選擇、每段關係、每個夢想、每個失敗、每個勝利、每個決定,以及你所做的每項行動,都是直接由你的情緒所引導的。就因為是這樣,了解並學會它們的語言至關重要。

最值得注意的事情是:你的情緒本身並不是問題!情緒出現是為

了幫助你**處理**問題。它們為你帶來獻禮與技能，像是設定界限（憤怒），直覺（恐懼），激勵（焦慮），放鬆（悲傷），以及健康的自尊（滿足）。

每個情緒都蘊含著你從別處無法獲得的智慧、助益與技能，而其中的每一項都無比重要。學會情緒的語言，會改變你的人生。

歡迎來到情緒解讀練習的世界

這本練習書可搭配我的前作《情緒想告訴你的事》（*The Language of Emotions*），深入探索 17 種獨特的情緒，以及「同理心正念練習」（Empathic Mindfulness practice），這項練習出自我的療癒應用工具「動態情緒整合」（Dynamic Emotional Integration®，簡稱 DEI），運用這些概念與練習，你可以學會如何獲取每個情緒中的資訊與智慧。這本練習書也收錄許多自我照顧與溝通練習，幫助你培養健康的情緒生活、健康的關係與健康的同理心。

如何使用本書

你可以採用任何適合你的方式來運用這本練習書。你可以從第一頁讀到最後一頁,依序完成每個活動與反思,你也可以跳著看,全憑你的需求與興趣。

我開創出各種方式讓你了解與處理你的情緒,包括問答、活動、正念練習,以及藝術練習。當然,如果你發現以某種方式運用這本書最適合你,就請依照你自己的方式來學習。

這本練習書可以幫助你學會如何直接處理自己的各種情緒,那些都是你深層智慧與療癒力量的各個重要面向。你會學習如何讓自己腳踏實地與集中精神、辨識與調節情緒、更深度了解自己與他人,並且取得你自身獨特的情緒智慧。而且如同你或許已經知道的,當你能夠與自身的情緒合作,它們或許能把未解決的事情與創傷帶到意識中,幫助你去處理並療癒它們。這可能會讓你感到釋放,有時也可能會讓你覺得迷惘或者痛苦。重要的是要知道,如果發生這樣的情形,並不是你或你的情緒出了什麼問題;這通常是一種療癒的跡象。

然而,如果你感到情緒難以承受,請造訪我的線上學習社群:empathyacademy.org,找個 DEI 的專業人員幫忙,或是向你所在之處的各種專線、醫生,或者你內心推崇的諮商師或療癒師求助。你也可以連上這個網址 karlamclaren.com/LoE-workbook,或掃描下方的 QRCode,找到搭配本書使用的一些額外的練習。

作者的話

　　謝謝你為自己花了這些時間，也謝謝你為這個等待更多情緒覺察，更堅實的關係，以及更健康的同理心的世界，做出貢獻。

　　一起用真正可行的方式來表達各種情緒吧！

卡拉

| 第一部 |

各種情緒中蘊含的智慧

所有情緒對你的身心健康都很重要。

每一種情緒為你帶來特定的智慧,作為思考與行動的指引,
你可以學習與你所具備的每種情緒好好相處。

情緒是什麼？它們為什麼產生？

情緒的定義，我最喜歡的是社會學家亞莉・羅素・霍希爾德（Arlie Russell Hochschild）的版本，她在《情緒管理的探索》（The Managed Heart）一書中寫道：

我認為，情緒是一種天生的生物性感官，也是最重要的一種。如同其他感官（聽覺、觸覺與嗅覺）一樣，它是我們藉以得知自己跟世界的關係的一種途徑，因此對人類在群體生活中生存來說至關重要。然而，它不僅跟「行動」有關，還跟「認知」有關。

因此，情緒是幫助你思考、理解與行動的感官。它們讓你了解你的世界，並且使你理解自己的感覺與感受。

感受自己的情緒

你的每個情緒分別用其獨特的方式，幫助你理解自己和這個世界。情緒是你不可或缺的一部分，每一種情緒都蘊含著某種必要的智慧與能力，影響你思考和行動。

 請回想某次你感到喜悅的時刻，你感受到什麼？喜悅告訴了你關於那個情境的哪些事？

> 現在,回想一個憤怒的時刻,你的憤怒感受到什麼?它針對那個情境訴說了什麼?

由於我們多半被教導情緒是個問題(或者說情緒會製造問題),因此很難學會跟它們合作。所幸你的情緒無時無刻都努力在幫助你,你可以運用它們帶給你的技巧,學會怎麼辨識它們。

你的情緒不會製造問題
它們出現是為了幫助你處理問題
學會它們的語言,你就能改變人生

我們來探索你的 5 種情緒之中的技能與智能,看看你目前是如何處理它們的。

發掘你已經具備的情緒技能

你的每個情緒都是由於特定的理由而產生的,而且每個都會為你帶來不同的技能與益處,以及各種你從其他地方學不到智慧。你對以下這些陳述的回答,會幫助你辨認出在 5 種基本(但經常被誤解的)情緒中,某些已經為你發揮作用的智慧與技巧。

計算分數的方法:在閱讀每個陳述後,選擇最能描述你的感受的答案,記下它的數字。在每個段落,加總你回答的數字,找出那個特定的情緒技巧。

分數越高表示你可能已經從那項情緒獲得技巧與益處,而分數低或許顯示你這時對那種情緒還有些困惑,難以掌握它。

無論是哪種情況,你都可以跳到那個情緒的章節,去學習它們在你生命中的基本定位。這本練習書中的各種原則與練習,會幫助你全面發展情緒技能,以便你可以取得每個情緒之中蘊含的益處與智慧。

4	**3**	**2**	**1**
總是	看情況, 但還算經常	看情況, 有時候會	很少

你的情緒技能：界限

1. 我在與他人的關係中，感覺受到傾聽與尊重。　　4　3　2　1
2. 我能坦然說出自己心聲，即使在衝突之中也是。　4　3　2　1
3. 我能分辨並隔離自己的情緒與他人的情緒。　　　4　3　2　1

1~3 題你的分數＿＿＿＿＿＿＿
1~3 題聚焦在**憤怒**的智慧與技能
低分：3 ｜高分：12

憤怒的核心：很多人覺得（學到）憤怒總是個問題，不過憤怒的核心，是要幫助你為自己以及你所珍視的事物，設立與恢復健康的界限。憤怒協助你為自己、你的思維、你的夢想與想法，以及特別是你的情緒，創造出一個私密而專屬的空間。

你有多擅長為自己的關係，設立清楚的界限？

你的情緒技能：激勵

4. 我的時間管理技巧很好，而且我會遵照自己的計畫與承諾行動。　　4　3　2　1

5. 我擅長整理自己的想法、任務以及實體空間。　　4　3　2　1

6. 當我想到一個大型的專案或需要在特定時間抵達某個地方，我感到很放鬆。　　4　3　2　1

4~6 題你的分數＿＿＿＿＿＿
4~6 題聚焦在**焦慮**的智慧與技能
低分：3 ｜ 高分：12

焦慮的核心：焦慮總是被視為負面情緒（或甚至是種心理疾病），不過焦慮的核心，是要幫助你聚集你所需要的精力與動機，為你的專案做出計畫並準時完成它。焦慮是種聚焦在未來的情緒，讓你受驅動，讓你做好安排，它對於你做任何事都非常必要。

　你覺得自己激勵自己，完成任務的能力如何？

你的情緒技能：本能

7. 我對周遭動靜感到自在，面對變化也能輕鬆面對。　　4　3　2　1

8. 危急時刻，我總是可以保持冷靜與專注。　　4　3　2　1

9. 我通常靠本能判斷什麼對我是好的，並照著做。　　4　3　2　1

7~9 題你的分數＿＿＿＿＿＿

7~9 題聚焦在**恐懼**的智慧與技能

低分：3　｜高分：12

恐懼的核心：恐懼通常被看作是懦弱的象徵，不過這與事實大相逕庭。在恐懼的核心之中，包含著你對當下的本能與直覺。沒有恐懼，你根本不知道你身在何處，或者現在發生什麼事？恐懼是個聚焦在當下的情緒，幫助你連上直覺與本能，了解自己與你的周遭世界。

你覺得自己跟本能與直覺的連結有多強？

你的情緒技能：放下

10. 一旦我發現新的資訊與想法，我可以改變主意。　　4　3　2　1

11. 我可以斷然遠離不健康或不可行的人事物。　　4　3　2　1

12. 我可以讓自己放鬆與平靜下來，我自我平復的能力很好。　　4　3　2　1

10~12 題你的分數＿＿＿＿

10~12 題聚焦在**悲傷**的智慧與技能

低分：3　│　高分：12

悲傷的核心：很多人將悲傷（與哭泣）視為軟弱，不過我稱呼悲傷為「療癒心靈的萬靈丹」。悲傷幫助你釋放不再可行的事，當你可以放下某些不再適合你的東西（歸屬、想法、行為、關係等），悲傷可以幫助你放鬆、充電，為適合你的事物騰出空間。

當你了解是放下某個人事物的時候了，你會怎麼做？

你的情緒技能:道德

13. 我能輕易改變不良的行為與習慣。　　　　4　3　2　1
14. 當我在社交場合犯錯時,我能道歉並改正。　4　3　2　1
15. 我經常尋求協助與支持。　　　　　　　　　4　3　2　1

13~15 題你的分數＿＿＿＿＿＿＿

13~15 題聚焦在**羞愧**的智慧與技能

低分:3 ｜ 高分:12

羞愧的核心: 羞愧可能是我們最厭惡的情緒之一,不過這太遺憾了,因為羞愧對於你了解自己,以及讓你在必要時能做出改變非常重要。羞愧幫助你遵守道德與倫理,讓你符合自己設立的標準。處理羞愧並非在事情讓你很痛苦時壓抑羞愧,而是要問問,你為自己設下的標準是否合理、恰當(我稱這些標準為你的「羞愧訊息」或你的「心理契約」)。如果你的羞愧所維護的訊息與心理契約是不可行的,第 73 頁的「燒毀心理契約」練習,就是專為幫助你遠離這些不再適合你的訊息所設計的療癒練習。

 當你知道自己犯錯或做出不光彩的事情時,你都怎麼做?

無論你目前分數如何，你都可以深入挖掘情緒技能，學會取得每個情緒之中的智慧。這些問題只是凸顯當前你與這5種情緒相處的寫照的一種方式，這本練習書會幫助你培養新技能與新方法，去跟這5個情緒（以及再細分後共17個情緒）背後的智慧好好合作。

在這5種情緒中，何者是你目前最擅長處理的？

這些情緒中，何者是你需要一些協助的？

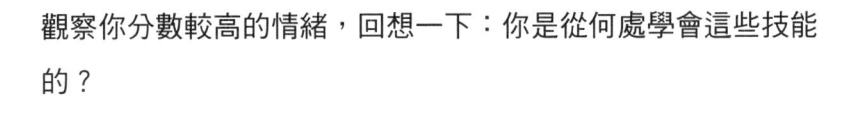

觀察你分數較高的情緒，回想一下：你是從何處學會這些技能的？

觀察你分數較低的情緒，回想一下：你是從何處及如何學會迴避這些技能的？

以下根據英文字母順序排列，列出情緒之中蘊含的獻禮、技能與智慧，讓你能夠一次掌握所有重要的情緒感受。

認識情緒的獻禮與技能

情緒是幫助你了解與回應周遭世界的基本感受。以下列表中，你會看見每個情緒都會獻出一組特定的技能與智慧，幫助你理解自己的世界。

憤怒（ANGER）：當你、你的價值或某人遇到挑戰，憤怒幫助你設立並維持健康的界限。

焦慮（ANXIETY）：幫助你為未來最好準備，以及準時把事情完成。

冷漠或厭煩（APATHY or boredom）：憤怒的面具，讓你得知此時你無法或不想設立清楚的界限，它幫助你遠離行不通的情況。

混亂（CONFUSION）：恐懼與焦慮的療癒面具，讓你知道這時周遭與內在都過於忙碌，它能給予你迫切需要的抽離時間。

滿足（CONTENTMENT）：讓你知道這時你某件事做得很好，幫助你對自己感到自豪與滿意。

羨慕（ENVY）：幫助你獲得與維持安全、資源與認可（也為他人提供這些）。

恐懼（FEAR）：幫助你連上直覺與本能，體察當下，也提醒你注意環境中的變化、新奇的事或可能的危險。

哀慟（GRIEF）：幫助你慢慢感受、記住與紀念你所失去對你十

分重要的東西、想法、人、動物或情境。

幸福（HAPPINESS）：幫助你帶著希望與開心看待你的內心、身邊的一切與未來。

仇恨（HATRED）：當你無法接受自己（或鄙視他人）時，會產生仇恨。

嫉妒（JEALOUSY）：讓你選擇並維持穩固、忠誠與受到支持的關係。

喜悅（JOY）：幫助你體驗靈感以及與世界合而為一的幸福感。

恐慌（PANIC）：當你面臨生存危機時保護你，並幫助你從過去的創傷痊癒。

悲傷（SADNESS）：幫助你放下不再適合你的東西。悲傷讓你釋放、放鬆並為適合你的新事物留出空間。

羞愧與罪惡感（SHAME and guilt）：幫助你選擇並維護你的道德與倫理，以便不會讓自己或他人受傷、尷尬，以及受到不人性的對待。

情境型憂鬱（SITUATIONAL DEPRESSION）：榨乾你的能量以讓你放慢腳步，並辨識出生命中不再適合你的事。

自殺衝動（THE SUICIDAL URGE）：當生命中有某些必須結束的事（並非真實的生命本身），會產生自殺衝動！對外尋求幫助，找出必須結束的情況，以便讓你的生命重回軌道。請見第165頁，尋求幫助與支持。

關於情緒的自我問答

 現在哪兩種情緒讓你最自在?

a. 這兩種讓你自在的情緒,帶給你怎樣的智慧?

b. 每當產生這些讓你感到自在的情緒時,你的反應是什麼?

目前哪兩種情緒讓你感到棘手？

a. 這些棘手的情緒帶給你怎樣的智慧？

b. 每當產生這些讓你感到棘手的情緒時，你的反應是什麼？

情緒如何運作
（以及如何有技巧的處理它們）

你的情緒會在特定情境下產生,為你帶來要做出反應與行動時,所需要的精力與智慧——當情緒升起時,應該怎麼回應,你有許多選擇。

要培養有智慧的情緒反應,很重要的部分是先了解情緒如何運作,以及如何與它們合作（而不是與它們對抗）。

立即性的情緒反應途徑

在很多情況下,你可能會立即行動。在這些情況裡,你的情緒採取的路徑可能會看起來像是這樣:

回想一個你情緒迅速反應的情境。比如當你看見所愛的人,立刻展露幸福喜悅的微笑。

> 還有其他哪些情緒也會讓你反應如此迅速？寫下幾種情境，以及分別有哪些情緒出現來支持你：
>
>

在許多情況下，你可能會感受到某種情緒然後立即反應。有時這沒什麼問題，例如當你看見所愛的人立刻開心的微笑。

但某些情緒，像是強烈的憤怒或強烈的嫉妒，你發作的方式可能會傷害到自己或他人。如果是那樣的話，就很有必要學習如何用更健康的方式處理那些情緒。

學習感受並辨識你的情緒

你可以在情緒反應路徑中，加上一些暫停動作，這樣一來你就有充分的時間，去與你情緒中蘊含的智慧合作。

兩個你可以先加入的暫停，是「感覺」與「辨識」你的情緒：去感受它們，辨認它們是哪種情緒。當你知道自己感受到的是哪種情緒，你就會對那個情況有更清晰的了解，並對於該怎麼反應與行動（或者有時是不行動），做出選擇。

當你把這些療癒性的暫停動作加入，你的路徑看起來會像是這樣：

情況 ▶ 情緒 ▶ 感覺 ▶ 辨識 ▶ 行動

感覺與辨識你的情緒，能幫助你放鬆與專注。第 193 頁的「情緒詞彙表」，會幫助你學會更多不同情緒狀態的詞彙，協助你更嫻熟這些在情緒反應途徑中極為重要的「感覺」與「辨識」階段。

回想一個情境，自己或他人情緒反應迅速。例如某人嚇到你，而你大聲喊叫或反擊。

你想到的是什麼情境？

那個情緒反應多劇烈？

那是代表什麼（哪些）情緒？

你採取了什麼行動？

如果把情緒反應慢下來，加入一些支持性的暫停動作，你就能夠更清楚的了解自己，了解你的情緒，以及你的反應。

把療癒性暫停動作加入情緒反應路徑中

如你所知，情緒蘊藏巨大的能量。把這些感覺與辨識的暫停動作加入你的情緒反應路徑中，可以幫助你駕馭情緒的能量，而不會被它們引爆，因它們而壓抑生活，或者忽略它們等。這些健康的暫停動作，會賦予你更多時間、空間與專注力，以便你可以謹慎的、有意識的做出反應。

很重要的下一步是學習與你的情緒**合作**，而不是**聽命**於情緒而表達拙劣，或者用很不健康的壓抑方式來**對抗**情緒。當你知道如何跟你的情緒合作，你就能夠選擇最健康又最適切的行動。

當你加入這個合作的暫停動作，你的路徑會看起來像這樣：

學習與你的情緒合作，意即檢查你的情緒感受，並決定需要做出的是哪種健康的行動。雖然你可能會感到這些暫停會讓你反應變慢，事實上它們是幫你節省時間，替你避免那些未經思索就表達出來（或者未傾聽情緒中的智慧就壓抑它們），會遇上的麻煩。

回想一次你遇到事情時,能夠暫停並思索自己的情緒反應的經驗,並回答以下問題:

你感受到的是什麼(哪些)情緒?

情緒反應路徑中,哪些部分你已經有辦法做到?

你的行動有了怎樣的改變?

你從何處學到要這樣跟你的情緒合作的?

當你習慣把這些必要的暫停加入你的情緒反應路徑中,
你就能夠感受並快速反應,而且是出於情緒智慧。

你或許也會發現,你不需要做任何事。舉例來說,當你誤解某個情況,並對子虛烏有的事做出反應,當你能了解並與自身的情緒合作,對於如何反應與行動,你就會有許多選擇。

練習你的情緒路徑

當你把這些有意識的暫停加入,你就能夠培養你的情緒技能,並獲得你各種情緒之中獨特的智慧。那會需要做些練習,不過你的情緒會幫助你學會如何與它們合作。

一個很好的練習方式是,想像在某個情緒不是太活躍的時候,採用這項完整的路徑。在這種低強度的情緒狀態下多做練習,會幫助你把技巧培養起來,以備情緒活躍之需。

你可以用現在生活中的某個情況做練習:

現在是什麼情況?

你感覺到什麼(哪些)情緒?

你的情緒反應有多強烈？

那個（那些）情緒帶給你哪些獻禮與技能？（參考第 24 頁的「認識情緒的獻禮與技能」）

你可以怎麼跟（這些）情緒「合作」？

你平常感受到這個情緒時都是怎麼做的？

現在要與（這些）情緒「合作」，你會怎麼做？

在情緒路徑製造暫停，
賦予你所需的空間，獲得你的覺察、技能，
以及情緒中的智慧。

成為情緒高手的 4 個關鍵

你的所有情緒都是必要的,每個情緒都帶給你許多訊息與技能,幫助你了解自己與你所在的世界。我發現要成為情緒高手有 4 個關鍵,它們能幫助你用一種很療癒性的全新方式與情緒合作。

關鍵一:不分負面情緒或正面情緒

你的所有情緒都是傳訊者,讓你知道自己的感受,以及當下發生什麼事。每個情緒都有重要的訊息要告訴你,每個情緒也為你帶來面對不同情境時你所需要的技能、覺知與精力。

雖然你處理情緒的方式,會帶來正面或負面的結果,情緒本身卻沒有好壞之分。所有情緒都帶給你智慧與資訊,所有這些都能幫助你了解你的內心與外在世界發生什麼事。你所有的情緒都不可或缺。

檢視下列情緒,把它們放在正面或負面類別。接著問問自己,為何你會這樣放置,為何某些情緒似乎是正面的?為何有些情緒似乎是負面的?

憤怒 幸福 恐懼 羨慕 喜悅 混亂 仇恨 滿足 哀慟

正面	負面

有沒有任何情況是某些理應是正面的情緒,卻會導致負面效果的?

有沒有任何情緒是理應是負面情緒,卻產生正面的作用的?

關鍵二:了解情緒的細微差異

每個情緒產生時會出現不同強度,它們可能只是輕微浮現,使得你與他人可能都幾乎難以察覺。情緒也可能以中等程度出現,讓你能

夠意識到它們的存在。而在某些情境，情緒來得十分強烈，讓你跟他人都明顯感受到。情緒有不同的強度，而你可以學會如何辨認出來，並好好應對所有的情緒狀態。

🖊 以下表格有 4 種情緒，請把括號中的情緒詞彙，依照輕微、中等、強烈分別填入空格中。舉例來說，「惱火」是輕微程度的憤怒，所以你可以將它填在憤怒那一列輕微那一格中。

情緒	輕微	中等	強烈
憤怒 (暴怒、惱火、生氣)			
悲傷 (傷心欲絕、低落、悲痛)			
恐懼 (警覺、害怕、驚恐)			
幸福 (興高采烈、微笑、開心)			

事實證明，更多、更清晰的情緒詞彙能幫助人們（自動）培養出更好的情緒調節技能，因為情緒詞彙量強，能幫助你辨識出自己更多的情緒。這對你現在表現比較強烈的那些情緒特別有幫助。

你可以運用情緒詞彙辨識出這些情緒的輕微與中等狀態，那會幫助你在情緒比較不那麼強烈時，培養情緒技能。長此以往，你會獲得所需的覺察與技能，去處理這些情緒比較強烈的狀態。

再舉兩個現在常會讓你招架不住的情緒，接著寫下它們輕微與中等狀態的詞彙（如果你需要靈感，可參照第 193 頁的「情緒詞彙表」）。覺察這些較輕微程度的狀態，會幫助你用全新的方式處理這些情緒。

情緒	輕微	中等

關鍵三：辨識多重情緒

在同一個時間，感受到一個以上的情緒是正常的（想想喜極而泣，或者又好氣又好笑的情境）。不過沒有很多詞彙能一舉形容多重情緒，情緒通常會成對或成群出現。

以下這些情況，請找出你可能會同時感受到的不同情緒（你可以在第 193 頁找到「情緒詞彙表」，裡面有一些不錯的詞彙）。

狀況 1：你參加朋友的生日慶祝會，你存了錢並從她喜歡的歌手網站上買了幾件 T 恤送她。當她打開另一個朋友送的禮物時，她興奮的尖叫：他送她這位歌手的演唱會門票，而且他們要乘坐加長禮車一同前往！

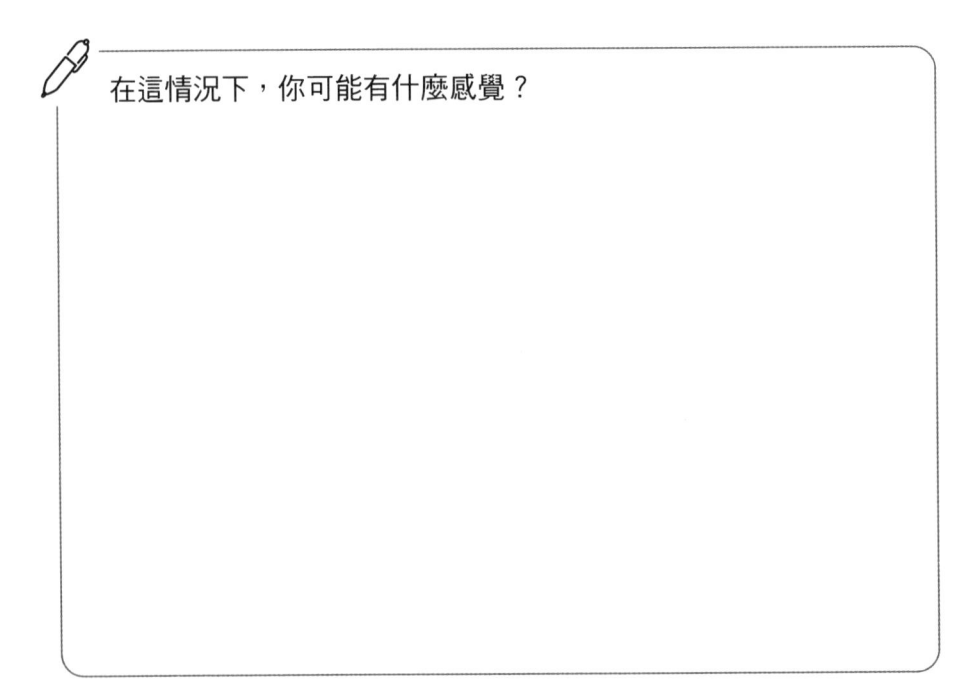

> 在這情況下，你可能有什麼感覺？

狀況 2：你有兩個朋友本來感情很好,但這幾個月他們鬧翻沒聯絡了。不過,這兩位都不斷對你訴說對方的事,而且兩人都希望你選邊站。

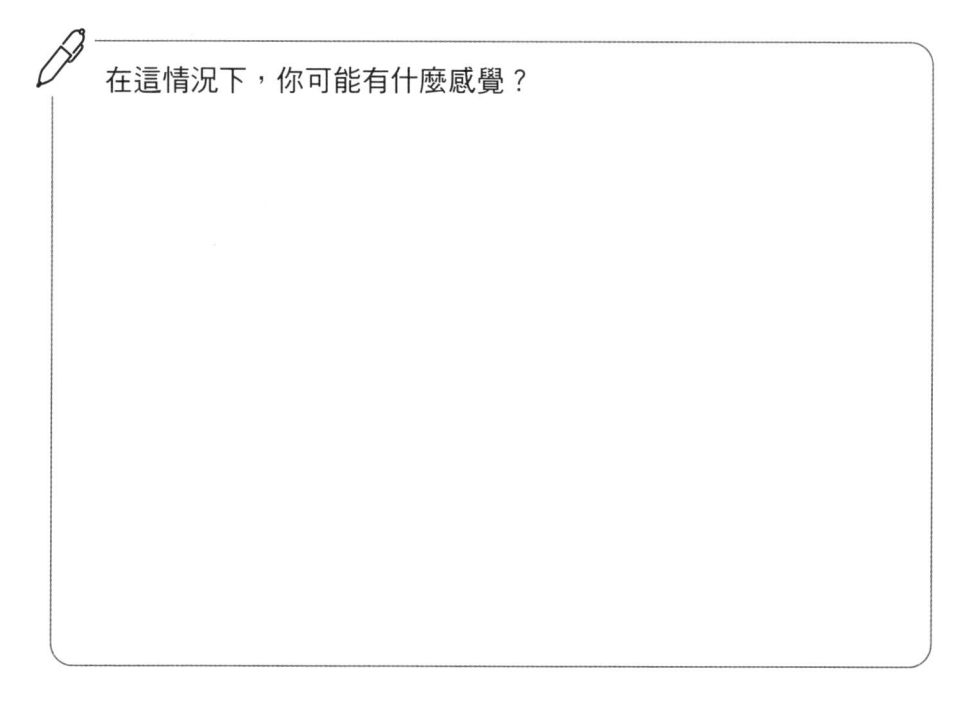

> 在這情況下,你可能有什麼感覺?

運用這 4 個關鍵,你跟你的情緒會開始培養出一種共通語言,以及更健康的新方式好好合作。

關鍵四:學會如何引導情緒

除了表達或壓抑你的情緒,你可以學會引導它們,意思是說,你可以聆聽它們、理解它們並有意識的應對它們,你會有更多選擇與技能。對每個你所感受到的情緒,你會有更多健康的選項。

表達與壓抑，在很多情況下都很有用，不過當你知道如何與你的情緒合作，你會獲得更多、更好的選擇、更好的自我覺察，以及更理解他人。

表達表示展現或不多加思索就發作出來。
壓抑表示隱藏、忽略或者關閉你的情緒。
引導表示聆聽你的情緒並有意識的與它們合作。

> 以下幾種情況，你是表達、壓抑還是引導你的情緒？

狀況 1：你穿著新裙子參加一個聚會，兩個你不熟的人，嘲笑這裙子說了些無禮的話。你感到受傷又憤怒，不過你假裝沒事，你跟他們一起笑。

　　　　○ 表達　　　○ 壓抑　　　○ 引導

狀況 2：你參加了強制性的工作培訓，你覺得無聊透頂。你嘆了嘆氣，拿出手機，不理會其他人。

　　　　○ 表達　　　○ 壓抑　　　○ 引導

狀況 3：你在一家餐廳撞見前任擁吻某人，你大感嫉妒，你暗自思忖：「好的，很明顯我對分手還沒釋懷，因為這太痛苦了！我真的需要尋求協助，找到放下的方法。」

　　　　○ 表達　　　○ 壓抑　　　○ 引導

現在選擇一個你自己的狀況,辨識自己的感受,想像你會怎麼表達、壓抑及引導你的情緒。

| 第二部 |
同理心正念練習

接下來這個部分的練習,會幫助你接地並專心一致,
緩和並調節能量水準,培養健康的同理,
獲得情緒中的天賦能力。

什麼是「同理心正念」練習？

我在瑜伽、正念與能量療癒的社群中長大，我學過很多放鬆與專注內在的好方法。不過在那些社群中，情緒通常被視為要克服的問題。舉例來說，我被教導要讓身體安定下來，當情緒通過時，觀察著它。或許你也學過類似的事。

> 如果你做正念練習，它要你如何對待情緒？

當有個非常強烈的情緒吸引了我的注意力時，努力讓自己平靜下來有時很有幫助，後來我了解到我的情緒有話要說，讓情緒通過，表示我無法獲得它們的智慧。

經過許多年，我學會如何聆聽情緒並辨識它們帶來的獻禮，我創造一系列簡單正念練習，是要**依賴**情緒來進行，而不是試圖要它們通過或者消融掉。

這個章節的練習幫助你接地、集中注意力，並且運用特定的情緒定義你的界限，也為你與情緒創造出以嶄新而健康的方式共處的空間。

歡迎來到同理心正念練習（Empathic Mindfulness practices）！

接地並集中注意力

> **接地（Grounded）**表示感覺穩定、平靜、放鬆、專注與整合。

> **未接地的跡象**，包含健忘、無法放鬆、身體與情緒緊繃、混亂、思緒繞圈、笨拙、激動、迷茫與神遊。

如何接地

自在的坐著或站著，慢慢吸氣，想像你把溫暖與光引進體內，當你吐氣，放鬆身體，想像這光與溫暖通過你的腹部，進入臀部、大腿、小腿與腳，然後進入地面。集中精神感受放鬆與放下是什麼感覺，當你連接著地面，如果感覺適合，可以輕柔地轉動你的手臂與身體。

接地讓你用簡單又有效率的方式，在需要的時候幫助你回歸中心，集中注意力，並釋放多餘的能量與緊張。

寫下或畫下當你安住在身體,專注當下,是什麼感覺?

你在日常生活中有沒有做任何刻意接地的練習?

當你感到不專注、不接地時,通常會有怎樣的反應?

親手接地練習

讓自己接地的另一個方法是這個：將雙手放在頭頂上，再輕輕的沿著頭部兩側、脖子、胸部和腹部的前面滑下。然後前彎，雙手繼續沿著大腿和小腿前方向下移動。當你到達腳部時，想像一下向下刷入地面。

慢慢站起來，再次將雙手放在頭頂上，然後輕輕的沿著頭部兩側、脖子、軀幹兩側滑到臀部後面。接著彎腰時，雙手滑過臀部、大腿後部、小腿和腳踝。當你到達腳跟時，想像一下向下刷入地面。隨心所欲，重複此過程多次。

感謝幫助你接地並集中注意力的情緒

謝謝你的優柔的悲傷，幫助你放下、放鬆並恢復活力。感謝你輕微的恐懼，幫助你回到當下，維持冷靜與覺察。

你的個人接地練習

當你感到不接地或疲憊不堪時，什麼可以幫助你回到中心？當你需要一些穩定的支持時，你可以回到這裡，並提醒自己過去曾幫助過你的方法。

哪些地方或活動，會很自然的讓你感到踏實接地？

有任何人或動物能幫助你感到踏實接地嗎？

花點時間，列出或畫出一些對你有效的接地練習或活動。

定義你的界限

> **具有清楚界限**是指知道自己的定位，你所涵蓋的範圍是從哪裡到哪裡，當你的界限設定妥善，你會將自己與他人的需求、信念與情緒，做出健康的區隔。

> **界限障礙的跡象**，包括界限模糊、失控的同理心、自我緘默、自我忽視、蠻橫行為、自我膨脹、上癮或強迫性行為，或者霸凌。

定義你的界限是個以身體為基礎的練習，幫助你與環境建立起界限，它所依賴的是你的頭腦與神經系統時時刻刻為你規劃出的周身空間。

如何定義你的界限

設定界限時，自在的坐著或站著，把手臂向各個方向伸展（如果你無法實際動用你的手臂，可以運用想像）。想像你的手指碰觸環繞著你的私密個人空間的橢圓形光球邊緣，把雙臂在面前伸直，再抬起到高舉過你的頭部。你的界限應該是你距離你全身各處一個手臂寬的空間——你的前後左右，甚至包含地面之下（如果你能想像的話）一個手臂的距離。

✏️ 寫下或畫下在防護界限包圍之下,你有什麼感覺?

當你想像這個橢圓形的區域把你整個包圍起來,讓手臂自在放鬆下垂。想像你被一個手臂寬的光球包圍——如同你是個蛋黃在你想像的界限所形成的蛋殼中,想像這個界限色彩明亮,這會讓你感覺更真切。

讓自己熟悉這個界限,了解自己的起迄範圍,在這私密而明確的空間中,你可以與自己的思維、感覺、想法與情緒好好相處。

如果你能想像其他人也在各自的防護界限中,你就能強化與他人保持健康距離的能力。

> 當你感受身體四周的這個空間,想像你的健康界限,是否感覺自己有權在這世界上占據這些空間?
>
> a. 如果不是,為什麼?
>
> b. 如果是,你是從哪裡學會設定自己健康界限的?

感謝幫助你定義並維持界限的情緒

你的界限是由你輕微的憤怒與羞愧所維持起來的,當你知道如何跟憤怒合作,它會幫助你觀察並在界限受到外界的挑戰時做出反應。當你知道如何與羞愧(憤怒的朋友與夥伴)合作,它會幫助你觀察並避免來自你自身行動造成的界限破壞。

設立健康的界限賦予你以及身邊所有人必要的空間,成為最好的自己。

有些人運用實質的方式設立界限，用服裝、姿勢、態度或者聲調。你有任何實質的設立界限的習慣嗎？

如果你知道有個人的人我界限很良好，你會怎麼形容他們？

探索你的界限

現在你對自己的界限在哪裡有感覺，你可以想像一些不同情況，看看你與你的界限可能會如何回應。

第一,想像你自己是個火柴人,身處在你健康的一個手臂寬的界限中:

現在,輕輕吸氣,接著大聲吐氣釋放。保持放鬆。

> 寫下或畫下當你感到放鬆時,你的界限看起來是什麼樣子?

現在，聆聽你環境中寧靜的聲息，你可能會需要放鬆下顎或前傾。

> 當你感受到寂靜之音，寫下或畫下當你保持覺察與專注時，你的界限看起來是什麼樣子？

現在，想像你看見某個摯愛的人，在房間另一端，朝你微笑。

> 寫下或畫下當你感到開心時，你的界限看起來是什麼樣子？

現在，想像某個你工作上的同事，擅自對你提出建議。

> ✎ 寫下或畫下當你感到困擾或受打擾時，你的界限看起來是什麼樣子？

照顧你的界限

在你一天的行住坐臥中，確認你與界限保持連結。你的界限是你神經系統的一部分，也是你對所身處時空的覺知。你的界限是你的一部分，它們對你所經歷的事情做出回應。

如果在某些情況下，你發現自己很敏感並且可能會失去界限，你可以寫下或畫下你的感受。當你知道此刻正在發生什麼事，你可以想像你的界限延伸——變得更厚實或更明亮，或者想像你的界限與外界碰觸時發生聲響。

你也可以運用衣物與空間作為界限；舉例來說，你可以圍上圍巾、打領帶、戴帽子或珠寶來設定界限，或者你也可以布置你的居家與工作環境，來創造一些喘息空間，讓你在需要的時候可以運用。

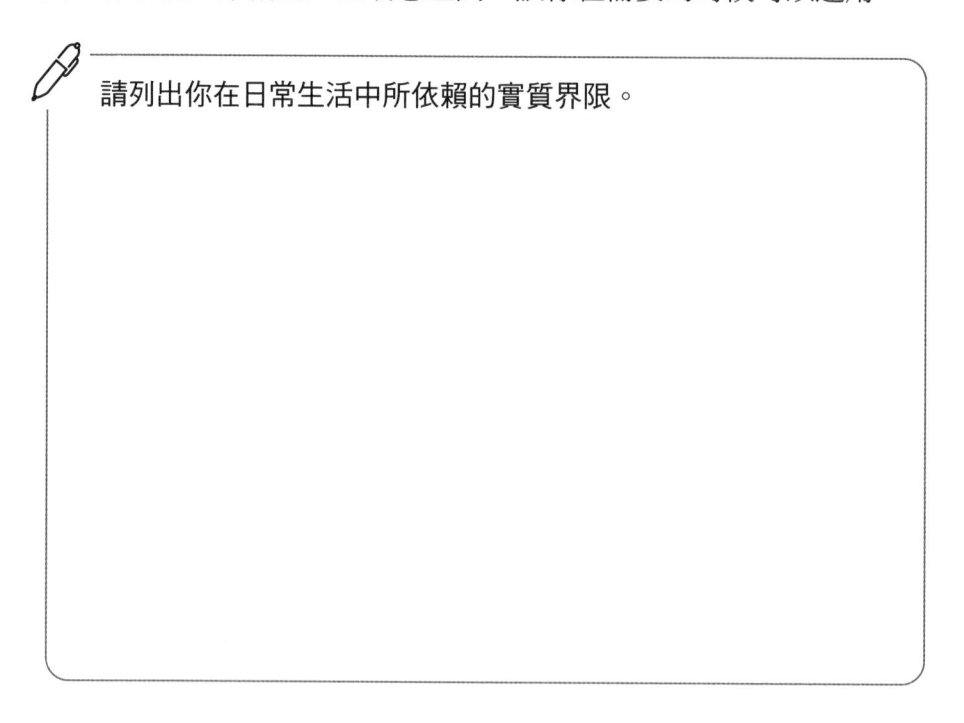

🖉 請列出你在日常生活中所依賴的實質界限。

你有權維持健康的界限，留意你的界限如何回應（以及你欣賞的人如何設定界限），能幫助你了解自己所需要的那種特定界限支持。

你的個人界限練習

什麼能夠幫助你設立與維持界限？當你感覺自己的界限不夠堅固，什麼可以幫助你？你個人化的練習會在你需要支持時，成為你的提醒！

花點時間列出或畫下能幫助你重拾支持自己的個人空間的練習與活動。

有意識的抱怨

有意識的抱怨（Conscious Complaining）讓你的掙扎得以聲張，那會讓你重拾情緒之流、能量與希望。這種獨自接引訊息的練習幫助你連結情緒，並在你感覺有情緒時發掘事情的真相。

有意識的抱怨能發揮作用的情況，包含了遇上難題、關係出問題、**無意識的**抱怨、自我緘默、反覆憂慮、冷漠、憤怒、憂鬱、困惑、羞愧或任何受困的情緒。

你目前對抱怨的態度是什麼？

你平常是否會花些時間抱怨某些討厭的事嗎？如果不會，為什麼？

如何有意識的抱怨

找一個私密、獨處的空間,在那裡你真的可以對於自己的挫敗、無望或者荒謬的處境盡情哀嚎、發牢騷(或哭喊)。抱怨時可以從這樣的句子作為開頭,像是「我現在正在抱怨!」你也可以找些紙張,寫下你的抱怨,如果這樣對你比較有效。

如果你在室內,可以對著牆壁或家具、鏡子或隨你喜歡的東西抱怨。如果你在戶外,你可以對著植物、樹木、動物、大自然、天空,或者你的神與指導靈抱怨。

如果你是個超強抱怨者,你或許可以為自己設置一個抱怨聖壇(在梳妝臺或者角落的桌子),放著暴怒的貓、討厭的小孩、吠叫的狗的照片,政治漫畫的圖片,或者任何會激發你抱怨天性的東西。

請謹記,你的話語是有力量的,所以請運用第 193 頁的「情緒詞彙表」,找出你所感受到的情緒,以及其精確強度的詞彙,這會幫助你發展出更強的情緒詞彙,而那會幫助你培養更強的情緒調節技巧。

當你抱怨時,你的感受如何?請列出一些關鍵詞彙:

想抱怨多久就抱怨多久（你會很驚訝發現這多快就會發揮作用），然後謝謝你所哀嚎、痛惡的事物，並用鞠躬、甩掉一切結束抱怨時間，然後去做你真的想做的事。

當你獲得全然的許可，在這個私密儀式性的架構下去抱怨時，你會發現情緒會幫助你辨識出問題所在。接著，你就更容易了解與解決那些問題，因為在你情緒中的獻禮與技能，會為你所用。

感謝有意識的抱怨幫助你連結到的情緒

有意識的抱怨是個情緒訊息引導的練習，幫助你連結所有情緒。多數人被教導要壓抑或忽略我們的情緒，而那製造了許多積存未被感受、未被聆聽以及未化解的情緒。這項練習幫助你對於情緒試圖告訴你什麼，變得更有覺察力。

這聽起來可能有點矛盾，不過除非你能在有需要的時候（有意識的）抱怨，不然你就無法快樂（而且你無法獲得你所有情緒中的獻禮）。

你的個人有意識的抱怨練習

當我們充滿挫敗、絕望，或者尖銳的抱怨生命中種種不公平，很多人都沒有任何支持自己的做法，使得我們蒙受不必要的痛苦。這項有意識的抱怨練習，在你真的需要它們的時候，會幫助你取得療癒性的覺察與情緒技巧！

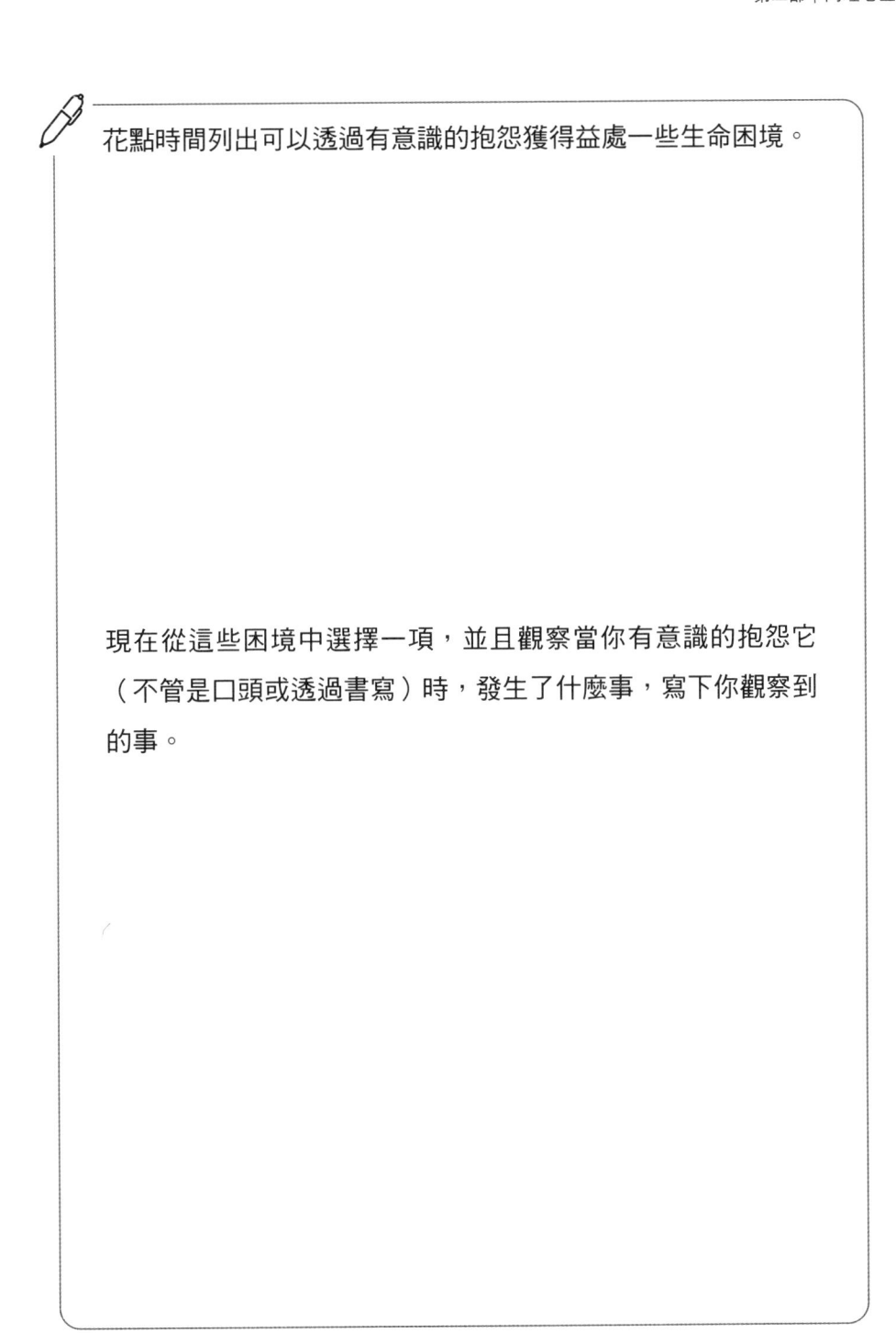

✎ 花點時間列出可以透過有意識的抱怨獲得益處一些生命困境。

現在從這些困境中選擇一項,並且觀察當你有意識的抱怨它（不管是口頭或透過書寫）時,發生了什麼事,寫下你觀察到的事。

與夥伴一起有意識的抱怨

> **能夠跟有意願聆聽的夥伴抱怨**，可以提供你絕佳的方式，讓你得以發洩又不爆炸，那會使你強化並滋養你的關係。

> **與夥伴一起有意識的抱怨能發揮作用的情況**，包含關係出問題、遇上難題，以及反覆或被困在某些情緒中。

如何與夥伴一起有意識的抱怨

在這個夥伴練習中，一方支持性的聆聽另一方抱怨 3 分鐘，接著對調。請留意夥伴必須能信任彼此，此關係中沒有權力不平衡的情況。

> 你想跟誰一起做這項練習？

另一項非常重要的規則是，你不能抱怨這位聆聽的夥伴，因為這樣不太公平。如果這個人要對你的抱怨提供支持，而你在抱怨他們，形同劫持他們當人質！這項練習所抱怨的事項必須是在你們關係之外的問題，如果你是抱怨者，你進行這項練習是因為了解必須要抱怨，

你可以說：「我不需要你修復我，我只是需要抱怨一下。」或者說：「我需要有意識的抱怨；你有時間互相幫忙嗎？」

接著你把任何卡在心裡的話說出來：「一切真是爛透了，這情況讓我很困擾，事情太難處理了。」這一類的。計時 3 分鐘，在時間到前盡情抱怨。

你的聆聽者負責對你的抱怨提供支持性的「嗯哼」與手勢來支持你，不提供建議，單純支持。你的聆聽者為你創造出一個安全的抱怨天堂，這讓你的抱怨不那麼有害。

當你完成後，以非常明確的方式做結尾，像是說：「謝謝你，那一直讓我很困擾。」或者「我好了，謝謝！」

接著，你們互換：你的聆聽者接著也有 3 分鐘時間能夠有意識的抱怨，而你傾聽並提供支持（但別提供建議！）。當你們雙方都做完時，就結束這練習。

> 當你可以盡情抱怨，夥伴不會提供建議或試圖干涉你的想法或感受，那是什麼感覺？

對你來說，可以聆聽夥伴抱怨，並且知道你無需解決任何問題，那是什麼感覺？

　　你或許會很驚訝，這種夥伴抱怨練習是多麼有效（又好玩）。我們都被教導必須無止境正向與活力充沛，那表示我們必須壓抑大多數的情緒。可悲的是，這種壓抑會讓我們被禁止說出口、注意到或感覺到的東西塞滿，這項夥伴練習幫助我們恢復情緒的流動，讓你清明起來，並且重拾你的觀點與幽默感。而且也因為你們不需要為對方解決問題，這項練習不會讓已經面臨難題的情況增加更多負擔。

　　對你們雙方還有個額外的好處：你們不會自我孤立，可以學習當心煩意亂時，用一種安全、誠信、建立同理心與發揮情緒智慧的方式，對外尋求幫忙。

你的個人與夥伴一起有意識的抱怨

　　多數人面臨困難或發生問題時，會自我孤立，或者無意識的抱怨，這會對其他人造成負擔。在以下的空格中，寫下一些你最近面臨

的困境，想想你可以跟誰一起做這項練習。如果你一直都是無意識的抱怨者，這個人可能會很開心能跟你一起學習、共享這個練習！

困境	有意識的抱怨理想人選

道德同理八卦

八卦通常被視為可怕的事，不過人類學家與社會科學家把八卦視為我們用來共享與了解非正式或不成文社會與情緒規則的工具。八卦是社交生活、溝通與情緒健康的必要元素，而研究指出，八卦天性不僅放諸四海皆準，還不分年齡與性別。

八卦也是我所謂的「社會學情緒」（sociological emotions）的一種特別的工具。也就是說，羨慕與嫉妒，每一種情緒都匯集關於我們的人際關係與社交世界的大量資訊。然而，八卦的一個很大的問題在於，它訓練我們談論某些人，而非與那些人交談。當我們四處散布八卦對象的行為的同時，也導致我們侵犯了這些人的隱私。

如果我們能了解八卦所提供強大的社交與情緒資訊，我們可以把八卦轉變成有意識的溝通練習，支應我們的情緒、道德、同理心與我們的人際關係。我們可以把八卦變成**道德同理練習（ethical empathic practice）**。

道德同理八卦的練習會讓你把八卦與非正式八卦網絡中的深刻的、本質的，以及豐富的情緒暗流連結起來。所有窒礙難行的關係、情緒與困境，都能用道德同理八卦解決，而且當你學會與慎選過的對象進行道德性的八卦，你就會對自己與他人都更了解與同理，在你的人際關係上更有技巧，情緒更敏銳，也對社交世界更自在。八卦確實是很棒的溝通工具——只要那是符合**道德與同理心**的八卦。

> 有誰是你所信賴能成為道德同理八卦夥伴的人？（確認此人讓你感到安全，你們之間沒有權力不平衡問題！）

以下是與支持性夥伴進行道德同理八卦時的指導方針（每一輪進行約需 13 分鐘）：

1. 找出一個你經常八卦，而且你們之間的關係陷入僵局的人。
2. 在承認你們之間的關係出了問題之下，開啟八卦時間。
3. 請求你的夥伴幫助你處理這個出問題的關係，詢問對方意見、想法、技術、技巧，讓你可以用不同的方式重新建立關係。
4. 開始吧——盡情八卦！
5. 當你的夥伴提出回饋，請留心。
6. 結束八卦時間時，感謝你的夥伴，帶著新的技巧與見解回到這段受損的關係，如果用原來方式難以維持關係則做出調整。別又回到老樣子，因為那就是導致你以前不同理或不道德八卦的原因。

當你完成後，如果你的夥伴也想進行，可以互換角色。雖然每一輪理想上需時 13 分鐘，不過如果雙方熟稔，也可延長到 20 分鐘。可

以設定計時器，不過如果一方正在進行中，不要打斷；羨慕與嫉妒之中包含許多資訊，他們需要時間，把其中的龐雜理出頭緒。

> 🖊 現在，回想一個你容易會說對方八卦，而不是直接去跟對方交談的情況：
>
>
>
>
>
> 你需要這位八卦練習夥伴，為你提供怎樣的幫助？
>
>
>
>
>
> 你正在釋放怎樣的訊息？
>
>
>
>
>
> 是什麼讓你無法直接與你的這個問題人物說話？

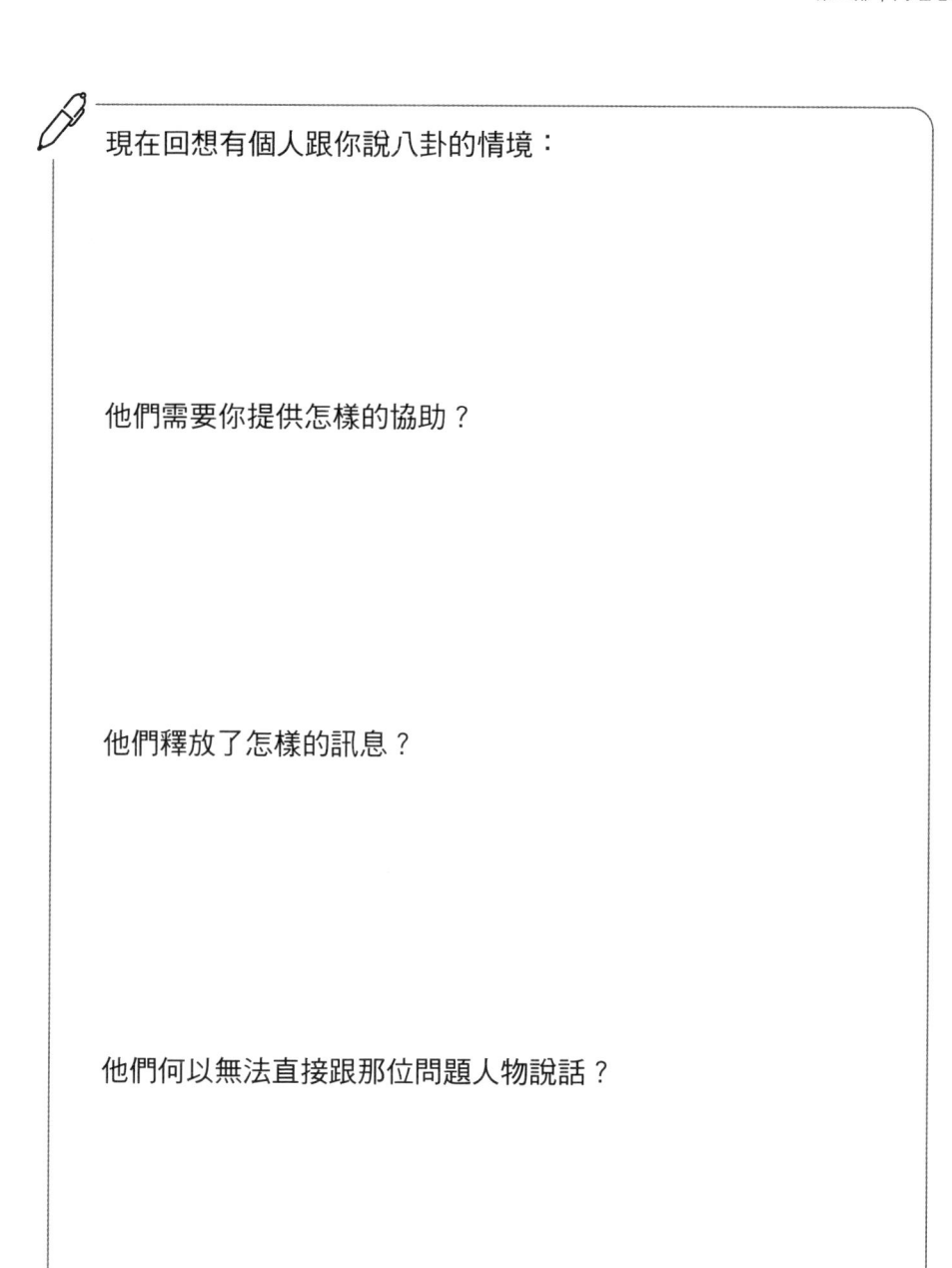

現在回想有個人跟你說八卦的情境：

他們需要你提供怎樣的協助？

他們釋放了怎樣的訊息？

他們何以無法直接跟那位問題人物說話？

感謝道德同理八卦幫助你連結的情緒

羨慕與嫉妒這種社會學性的情緒，密切緊貼著你的生活與所有關係，這項練習可以幫助你獲得它們之中的智慧，並更深入了解自己與他人。

當你的八卦是有意識且符合道德的，你會提升自己的社交技巧與同理心，也會更能創造誠實而健康的關係，學習道德的八卦也會提醒你，你隨時都可以尋求（並接受）協助，幫助你處理難纏的情緒與難相處的人。

你的個人道德同理八卦練習

請在下方的空白處寫下你曾經（或想要）八卦的人，以及你對他們的羨慕與嫉妒要告訴你的事？

我所八卦的人	這顯示我感到哪些渴望未滿足或感到什麼不公平？

燒毀心理契約

> **燒毀心理契約（Burning Contracts）**是一種情緒訊息的引導練習，幫助你找出無意識的合約與行為，以便你可以有意識的釋放它們。

> **燒毀心理契約能解決的情況**，包含窒礙難行的關係、重複性的思維、未化解的情緒、無望感、受困的感受，以及不想要的習慣與行為。

我們每個人都仰賴議定的（或強制的）合約性的行為，來幫助我們生活。我們學習在不同的背景、情境、關係之下表現合宜，儘管這經常是無意識中學會的。我們會採用這些行為與契約的理由雖然充分，不過一旦它們不再適合我們，我們始終有權將之終止。最重要的是，我們可以學習新的表現與應對方式，以便對現在的自己更有幫助。

你曾經未經思考同意了哪些不健康的心理契約？

> 你覺得如果你不同意,會發生什麼事?
>
>
> 你現在的生活中有哪些健康的心理契約?
>
>
> 讓你同意了健康的心理契約的情況,與同意了不健康的心理契約的情況,有何不同?

如何燒毀心理契約

　　想像你把面前(在你的界限之內)的一張很大的空白紙張展開。有些人會想像這張契約是平攤在桌上,有些人想像如白板或電影螢幕一樣樹立在他們面前,也有人喜歡把這契約想成是個像籃子一樣有深度的容器,可以放進任何東西。你也可以把你的契約寫在真正的紙張

上，如果這對你來說比較適合的話。

> 想像或實際在一張紙上寫下讓你一直很困擾的事，像是某個始終改變不了的問題。那種情況以及你的應對都是你的契約中很重要的部分。你可以投射、寫下、述說或者想著你的問題，將之放上你實體或想像的契約中。

以下是你可能會放在契約上的範例：

情緒性的期望：你應該怎麼看待與展現自己
智力上的規則：你應該如何思考及思考什麼；有智力應該看起來怎樣
身體上的規則：你應該如何向他人呈現與展現你的身體
靈性上的期望：你應該如何冥想、祈禱與表現
整體關係：關於自己、伴侶，以及彼此互動方式的形象

> 當你在契約放上文字、圖像、情緒或思維之後，請以某種形式將它闔上。這是很重要的步驟，它幫助你產生這個不合時宜的契約終結的實質感受。如果你的契約是紙張，把它緊緊捲起，讓內容無法再看見，然後毀掉它（揉掉、燒掉或丟棄）。如果你的契約是在想像之中，想像在畫面中你把它捲起、丟出去，然後用你所感受到的任何情緒能量燒毀它。

> 重複這個流程，用新的契約或新的紙張反覆進行，直到你感到情緒有某種轉變，這燒毀契約的環節就完成了！

當你可以清楚辨識你的契約（這些不想要的行為、想法與關係），你就可以開始把自己與它們隔離。在這個有意識的空間中，你可以不把自己視為這些行為與情況的受害者，而是個奮發的人，決定用這種方式行動、自我認同與表現，而且現在就可以決定用不同方式行動、自我認同與表現。

感謝燒毀心理契約幫助你連結的情緒

歡迎情緒的到來──不管是怎樣的情緒。它們會提供你所需要的能量去找出你的契約並毀掉它們，讓你獲得自由。你的情緒關照著你，當你開始去找出那些根本不適合你的事物時，它們一定會竄升起來。你可以運用升起的種種情緒，把這些想法與行為從無意識的習慣，移到有意識的覺察之中。例如，你感到憤怒，你可以在自己與契約之間設立界限，強烈而明確的與它隔離開來。如果感到焦慮，你可以加速進行，並投入焦慮帶給你的這種激勵的能量之中。如果你感覺哀慟或悲傷，你可以放慢速度，真實去感受那種失去以及放手。諸如此類的。

你的情緒幫助你去感受對你而言重要的事，你可以依靠它們的智慧與能量，幫助你達成生命裡療癒性的改變。

你的個人燒毀心理契約練習

✏️ 花點時間寫下或畫下一些不適合你的契約性行為與期望，看看你是否能夠運用燒毀心理契約的方式驅除它們。如果你對於完全毀掉心理契約的想法感到有困難（因為你不知道要用什麼來替代它們），請看下一頁的重新協議心理契約（Renegotiating Contracts）練習。

重新協議心理契約

當你運用燒毀心理契約練習，你可以把自己從左右著你的思維、情緒、行為與行動的那些不適合你的事物中釋放出來。燒毀心理契約可以幫助你對於各種已不合時宜的規則、期待與「應該」保持覺察。保持警覺並燒毀那些過時的心理契約能讓你獲得自由。

你也可以透過建立全新的有意為之、適合現在較有意義的心理契約，來為自己爭取更多自由。有些具傷害性的契約必須澈底摧毀，不過有些可能包含重要的倫理與價值，即使契約本身製造了一些問題，這些則是你可以重新協商的心理契約。

如何重新協議心理契約

要重新協議過時或者有問題的心理契約，可依循以下步驟：

請拿兩張白紙，第一張最上方寫下：「不可行的心理契約的情境」。第二張紙最上方寫下：「我想要的情境」。在第一張紙上，列出 8～12 項不可行的過時心理契約所要求你的規則或行為。以條列形式可能會有所幫助。

> 當你掌握好這不可行的心理契約,讓自己接地並定義你的界限。感受第一張紙上這不可行的心理契約中的情緒調性與期待,然後在第二張紙上條列出對應的清單,舉出你比較喜歡的事物,這樣能讓你感到比較務實並定義明確。

以下是一些簡單的案例,示範重新協議的流程可以怎麼做:

不可行的心理契約情境	我想要的情境
大男孩不哭	男孩與男人有需要時,隨時可以哭
有同理心表示從不拒絕	健康的同理心需要健康的界限
他人的需求優先	我情況允許時會幫忙,不過必須顧及自己

重新協議的心理契約讓你感到滿意之後,把它置於一個你會經常看到的地方,成為榮耀的象徵。你可以把它貼在冰箱門上或牆壁上,也可以為它布置一個聖壇,或者隨身攜帶。

當你明白自己必須重新協議一項心理契約，你感受到什麼（哪些）情緒？

在實行舊有過時的心理契約時，你的界限看起來與感覺起來是什麼樣子？

你重新協議舊有心理契約並創造出新的版本後，你的界限看起來與感覺起來是什麼樣子？

感謝幫助你重新協議心理契約的情緒

　　這項練習仰賴許多情緒中的獻禮。舉例來說，悲傷會幫助你腳踏實地並放下已經不再適合你的事物；憤怒會幫助你定義界限並且辨識你所看重的事；恐懼會幫助你專注並找出變動中的事；羞愧幫助你維持健康的新行為；嫉妒會幫助你確認你渴望的事；滿足會讓你明白自己做得很好等。

　　你可以激發情緒，讓它們幫助你協商出最符合你當前需求的心理契約。

你的個人重新協議心理契約練習

　　許多人從來沒學過如何重新協議我們過去曾經同意的行為與期待，彷彿那堅若磐石不可動搖。這項重新協議的練習能幫助你重拾自主權，為你生活各個面向帶來療癒十足的靈活性。

> 花點時間寫下或畫下已經窒礙難行或者讓你難以自處的情況與關係。必須知道，你可以做出改變並主張你真心想要的—即使情況或行為已經根深柢固。你的情緒會幫助你找出這些有問題的地方，它們會幫助你解決問題！

回春

> **回春（Rejuvenation）**是個療癒練習，它召集你的各種情緒幫助你放鬆、還原自我，以及體現神聖空間。

> **回春能解決的情況**，包含不知所措、緊張、厭世、疲勞、疾病、失落、過勞，或者讓你無法喜悅與快樂的任何情況。

如何讓自己回春

首先，想像你的個人界限十分堅固、完整有活力。在你的身體與界限邊緣之間的這個空間裡，想像你最喜歡的時光，以及世界上你最喜歡的地方。

舉例來說，感受在春末傍晚，你置身在山腰之中；清晨你在紅杉林中的小溪旁；或者一天中最美好的時刻，你在熱帶沙灘上。讓自己圍繞在美麗、放鬆、可口、感官愉悅的感覺中。讓注意力自然的轉移，停留在你處於喜愛的地方所升起的感受之上。

當你感覺到你處於所喜愛的自然美景之中，吸口氣把這些美妙的、平和的感受吸進體內，輕輕吸氣並想像這些寧靜又美麗的地方的氣息，進入了你的頭部與頸部，讓這樣的感覺向下進入到你的胸部、胳臂與雙手。這氣息透過你的胸腔，經由腹腔到下腹，再下沉到腿部與雙腳，把這歡快的氣息送到全身各個部位，讓自己全然被這種放鬆與美麗的感受充滿。

當你覺得飽滿，讓你的身體、情緒與專注緩和與放鬆。你可以維持這樣的狀態，想要多久就多久。而當你想結束這一回合的回春練習時，請彎下身，用雙手觸地，讓頭部下垂（如果你的身體無法這麼做，請想像你這樣做）。只要放鬆就好。如果你在公眾場合無法觸摸地板，你可以輕輕呼吸，讓自己接地。這樣你就完成了！

　　你隨時都可以讓自己沉浸這種療癒場景之中。回春是個完全可以隨身攜帶的情緒療癒練習。

> 忙碌的生活總是讓我們沒時間休息或回春。你是否能夠為自己騰出時間休息，如果有過，你是怎麼做到的？
>
>
>
> 如果你無法做到，是什麼阻礙了你休息與回春的練習？

感謝幫助你回春的情緒

回春幫助你獲得輕柔的喜悅，這情緒升起幫助你感覺擴張的幸福感，以及與美麗、愉悅與神奇連結的美好感受。回春也召集了幸福與滿足的獻禮，它讓你充滿美妙感受。當你找到最美好的地方、最美好的環境以及最美好的感受。它也召集羨慕與嫉妒的療癒獻禮。甚至更進一步，當你放鬆、放下，並允許你不需要的事物離開，而且真的釋放掉已經結束的事物時，這項練習也召集了悲傷與哀慟的獻禮。

你的個人回春練習

什麼會讓你回春？每個人會因為不同的事物而感到開心與充實。

> 花點時間寫下或畫下讓你恢復活力與開心的事物，當你需要回春的片刻時，請回到這裡查看備忘。

| 第三部 |
17 種情緒

你所有的情緒都帶有特定的獻禮、技能與智慧，
學習他們的語言能幫助你對自己的內在與外在世界
更有覺察力，對自己與他人有更深刻的理解。

在這個部分，你會找到針對每個情緒的詳細說明，
包含它們帶給你的獻禮與技能，能幫助你辨識它們的詞彙，
幫助你辨識它們的問答題，還有一些練習能讓你獲得這些
情緒之中蘊含的療癒智慧。

憤怒家族

界限、規則與行為準則

◇◇◇◇◇◇◇◇

憤怒─冷漠 / 厭煩─羞愧 / 罪惡感─仇恨

界限被侵犯或規則被打破時，憤怒家族的情緒會讓你知道，它們會為你和他人建立以價值為本的行為準則。

憤怒：高貴的戒哨兵

憤怒的獻禮與技能	榮譽～自我意識～健康的自尊～ 適當的界限～健康的疏離～保護自己和他人
憤怒的內心問題	我在乎什麼？ 什麼是我必須保護與恢復的？
憤怒的細微差別	**輕微的憤怒**：煩躁、堅決、沮喪、有保護欲 **中等的憤怒**：憤怒、大膽、惱火、被冒犯 **強烈的憤怒**：狂怒、氣憤、盛怒、義憤填膺

當你的價值觀、自我形象、你的行為，或者人我界限受到挑戰，或者你看見別人的這些方面受到挑戰時，憤怒就會出現。憤怒會出現在你所在乎的事物上，因為人不會為了對自己毫無意義的事情生氣。所以憤怒可以幫助你了解自己是怎樣的人，以及身為個人或者某個社群團體中的一員，你想要什麼、需要什麼。你的憤怒賦予你強烈的自信，也讓你有能力去支持他人的自信。

憤怒的任務是幫助你為自己在乎的事物，建立並維持健康的界限。當它輕微的自然流露，能幫助你維持互相尊重，並在人際關係中保持開放的溝通管道。

然而，多數人並未被教導如何辨識情緒比較輕微層次的跡象，因此我們很容易僅在憤怒達到很強烈程度的時候才發現它。很多人不知道如何處理強烈的憤怒，於是可能會壓抑它，而失去自己的界限，或者也可能會瞬間暴怒，然後侵犯他人的界限。

你小時候被教導要如何處理憤怒?

你的家庭如何處理憤怒?

你是否見過有人能以健康又令人敬佩的方式處理憤怒?

當你知道如何處理憤怒，它是種美好又令人敬佩的情緒；它幫助你忠於自己，並在你與他人互動時保持正直。憤怒帶給你精力、強烈性與確定感——而回答它的內心問題（我在乎什麼？什麼是我必須保護與恢復的？），當你把憤怒轉化為健康而正直的話語與行為時，它也會幫助你維持界限與信念。

哪一種情況必定會激發你的憤怒？

a. 在這種情況下，你的界限如何受到侵犯？

b. 在這種情況下，你如何重新設定你的界限？

關於憤怒的提醒

要嫻熟處理憤怒，關鍵在於能夠在它很輕微時就察覺到它，在它攀升到你無法掌控的強度之前。在第 193 頁的「情緒詞彙表」探索輕微憤怒的詞彙，練習在憤怒還很輕微時就予以回應。這會幫助你培養覺察與技巧，以備你必須產生強烈憤怒時所需。

有助處理憤怒的練習

> **同理心正念練習**：接地並集中精神～親手接地～接地～定義你的界限～燒毀心理契約～有意識的抱怨（獨自或協同夥伴）～回春～道德同理八卦

> **其他練習**：設立明確有愛的界限～辨識你的價值觀（請見下一部分）

你不妨圈出上述做法中讓你感到獲得支持，或者上次你生氣時若採用應該會很有效的做法。

你的個人憤怒練習

花點時間感受一下憤怒的內心問題：我在乎什麼？什麼是我必須保護與恢復的？

辨別出你在乎什麼，是你樹立個人性很基礎的部分，你看重的事物代表你是怎樣的人，也定義了你的界限，正如憤怒所做的一樣。了解什麼對你來說很重要，會幫助你明白有什麼需要受到保護與恢復。

> 花點時間寫下你所在乎的 10 件事（或更多），諸如誠實、你的關係、同理心、幽默等。

冷漠（或厭煩）：憤怒的保護面具

冷漠的獻禮與技能	疏離～設立界限～分離～休息一下
冷漠的內心問題	我在逃避什麼？ 我該對什麼有意識？
冷漠的細微差別	**輕微的冷漠**：舉棋不定、疏離、不關心、沒有想法 **中等的冷漠**：淡漠、無聊、不在乎、防衛心 **強烈的冷漠**：百無聊賴、麻木、封閉、置之不理

　　冷漠（或厭煩）會在你的需要與價值觀不受重視，或者沒有空間讓你展現自我的情況下產生。當你無法或者不願設定界限，不能自由表達你的需求與價值觀時，冷漠可以為你提供一個防護性的界限。

　　冷漠是憤怒的保護面具，當你需要抽離時——比如當你的需求不受重視，或者所處情境表露怒意會明顯顯得不得體，甚或恐會讓你引來不必要的注目時，冷漠能賦予你絕佳的暫停空檔。

　　在這種戴著面具的狀態下，你用一種拉開距離並對場面有一點掌握度的態度來保護自己。這種「我不在乎」、「我無所謂」、「都可以」的冷漠舉止，是你在界限與需求不受重視、被排除在外的情況下，設立界限的一種方式。

　　這種冷漠的掩飾狀態是必要且有益的，然而關鍵是你要對此有所覺察，才不會讓你完全無力作為。

> ✎ 當你無法或不願為自己發聲或設立界限時,冷漠會幫助你獲得喘息。通常在什麼情況下會促使你產生冷漠?
>
> 當感到無聊或淡漠時,你通常會做什麼?

　　你的冷漠可以幫助你從專注與努力中小憩一下──當你需要喘息,你可以放空、抽離一下,或者埋頭玩電腦、看看書,當你準備好重新聚焦,你可以問問自己冷漠的內心問題(我在逃避什麼?我該對什麼有意識?),找出在掩飾與保護之下的憤怒或其他情緒。

✏️ 當你處於無聊或不喜歡的情境時，有什麼可以幫助你？

關於冷漠的提醒

即使冷漠在乏味或不喜歡的情境中扮演必要的角色，讓我們完整，但我們幾乎沒有什麼可以感到無聊或淡漠的餘地。你可能聽過，厭煩是缺乏想像力的跡象，或者說它表示你必須集中注意力或者更努力點，但這兩種責備都不對（也無濟於事），我有充分理由說冷漠是一種掩飾！

有助處理冷漠的練習

> **同理心正念練習**：接地並集中精神～定義你的界限～燒毀心理契約～有意識的抱怨（獨自或協同夥伴）～回春～道德同理八卦

> **其他練習**：休息一下～有意識的疏離～讓自己放空

你不妨在上述的練習中，圈出當你感到冷漠時會有幫助的項目。

你的個人冷漠練習

花點時間感受一下冷漠的內心問題：我在逃避什麼？我該對什麼有意識？

冷漠不是你的失敗。感到無聊、淡漠，在有需要的時候喘息一下也都完全沒問題。當你沒有精力應對，或者說什麼也沒用（甚至會引火上身）時，先不管界限受到侵犯也沒關係。然而，你可以把意識放在你的冷漠，並且運用它提供的停頓時間去構思（或羅織）一個你的需求、心聲，以及界限會獲得接納與尊重的情境或關係。

下次你感到無聊時，問問自己：「怎樣的情況下我會感到有趣與受到接納？」即使身處乏味的環境，你或你的需求無法伸張，這樣簡單的問題，都會幫助你親近想像力、意願，並了解自己真心想要的世界。

✏️ 回想一個經常讓你感到無聊，必定需要冷漠的情境，寫下一些有趣以及你比較喜愛的事情。

無聊的情境	我想要的情境

羞愧與罪惡感：恢復正直

羞愧的獻禮與技能	賠罪～正直～良心～自我尊重～行為改變
羞愧的內心問題	誰的道德與道德觀不受重視？ 哪些事情必須改正？
羞愧的細微差別	**輕微的羞愧**：有良心、道德感、猶豫、被束縛 **中等的羞愧**：慚愧、有品行、後悔、抱歉 **強烈的羞愧**：有醜聞、被羞辱、剛正不阿、無地自容

當你做了（或準備去做）某些不尊重自己或他人界限的事情時，羞愧就會出現。我把羞愧與罪惡分開，因為羞愧是一種情緒，而罪惡是一項事實的陳述。你不是有罪就是無罪——而當你是有罪的，你所感受到得情緒是羞愧。

與其試圖消除羞愧，我們會把焦點放在你的羞愧想要支持的訊息與心理契約，當這些訊息是真實且適當的，它們來自你自身的道德準則，以及支持你的規範與道德。這些訊息會像是你的道德框架，當你有所偏離時，會產生一種你可以處理的羞愧。

不過當這些訊息是不真實或不適當的，它們來自外界（如權威或媒體），他們想要控制你。當你試圖背棄這些不適當或控制性的羞愧訊息時，你可能會感到很大的痛苦，以及受到箝制的感覺。

多數人是透過被羞辱學會羞愧的，回想兩種你感到羞愧的事，可否追溯這些羞愧的訊息源自何處？

a. 誰讓你對這些事感到羞愧？

b. 這個羞愧是誰的？

當這兩種羞愧訊息出現的時候，你的界限看起來是什麼樣子？請寫下或畫下來。

燒毀心理契約（請見第 73 頁）幫助你終結痛苦的或不適當的羞愧心理契約，以便你與你的羞愧可以專注在對你有益的道德與價值觀上。當你可以與自己真實而適當的羞愧訊息合作得宜，你會避免做出有傷害性的事，說出不對的話，或者涉入不健康的行為與關係。

　　有趣的是，當你的羞愧優雅的運作時，你不會感到那是羞愧。相反的，你會表現得很自在，並感到自豪。羞愧是很基礎的社會性情緒，當它出於療癒性以及適當的羞愧訊息時，你甚至不會感覺它存在。

　　如果你不知道為何你的羞愧出現了，你可以回答內心問題，道歉並做出必要的彌補：誰的道德與道德觀不受重視？哪些事情必須改正？一旦你付諸行動修正你做錯的事，你的羞愧就會自然的消退。

　　你的羞愧會幫助你遠離有害或不由自主的衝動——即使四下無人。它會讓你準時、有禮並且和善，它也會溫柔堅定的把你帶離麻煩與混亂。在這可敬的羞愧協助下，你會擁有健康而適當的正直與自尊。

> 健康的羞愧通常不會讓人感到痛苦；它們感覺像是一種成就感、奉獻與令人肅然起敬的自律。請寫下你所自豪的一個行為：

a. 你是怎麼學到這項行為的？

b. 你如何維持這個行為？

c. 你這種奉獻精神從何而來？

請寫下或畫下當你感到有所成就、值得尊敬或感到自豪時，你的界限看起來是什麼樣子？

關於羞愧的提醒

如果你的羞愧感覺很嚴重,即使你已經做出補救,也改變了行為,仍然未能平息,你很有可能面對的是不真實的羞愧訊息。燒毀心理契約練習(請見第 73 頁)會幫助你找出這些不速之客,以便你可以遠離他們不良的影響。

有助處理羞愧的練習

> **同理心正念練習:**接地並集中精神〜親手接地〜定義你的界限〜燒毀心理契約〜重新協議心理契約〜回春〜道德同理八卦

> **其他練習:**傾聽你的良知〜找出可行與不可行的羞愧訊息〜正直的觀察你的行為〜做出補救

你不妨在上述練習中,圈出當你感到羞愧時會有幫助的項目。

你的個人羞愧練習

花點時間感受一下羞愧的內心問題:誰的道德與道德觀不受重視?哪些事情必須改正?

有時候,你的道德與價值觀未受到尊重——而且來自你自己!當你不尊重自己的道德與價值觀,你有什麼感覺?你如何修正?當你發

現自己不尊重他人的道德與價值觀時,你有什麼感覺?你如何補救?

✏️ 花點時間寫下一些你成功(對自己與他人)致歉與補救的情境。

我做了什麼?	我感覺如何?	我如何修正?

仇恨：看透一切的鏡子

仇恨的獻禮與技能	強烈的覺察力～犀利的視野～突然的發展～陰影工作
仇恨的內心問題	什麼東西落入了我的陰影中？ 哪樣事物必須重新整合？
仇恨的細微差別	**輕微的仇恨**：惱火、覺察到自己的陰影、寒毛豎立、急躁 **中等的仇恨**：被惹怒、帶恨意、不滿、具自我覺察力 **強烈的仇恨**：輕蔑、憎恨、充滿正義感、陰影擁有資源

當你的陰影出現，或者你無法接受自己或鄙視他人身上的某些事時，仇恨就會產生。如果你知道如何與仇恨合作，它會幫助你反映出你不喜歡或未受承認的那部分的自己。

仇恨不只是不喜歡，不喜歡在你遠離行為不良的人時就會消散。仇恨也不是恐懼，恐懼在你遠離可怕的情境時就會消失。仇恨是一股憎惡與憤怒的熊熊烈火，那表示你面對的是十分嚴重的界限問題，讓你幾乎完全失去正直與平衡。

當仇恨出現，表示你正對著眼前某個憎恨的目標做出反應，此外你也燃起怒火緊盯著自己內心陰影中一個嚴重的界限議題。

當我們表達仇恨，我們矇騙自己認定我們跟痛恨的對象全然無關──我們跟他們一點都不像，或者我們比他們強大、真實，比他們

更好。如果真是如此的話，我們會守住適當的界限，也有辦法尊重這些人。然而我們並不是這樣，當我們表達對他人的仇恨，我們喪失自己的榮譽甚至良知。

當仇恨產生時，那是出自你內心深處的訊息：**這裡有些事我還無法體現。這裡有我非常迷惘不能理解的部分。**如果你能在訴諸仇恨之前就發現這點，你可以運用它的力量去了解關於自己很重要的真相，並對人生做出重大改變。

事實上，很有可能許多深埋的議題，在仇恨情緒產生之前都無法被完全體驗到，因為如果不是仇恨所帶給你那種力量與強度，你可能無法跳脫一切如常進入強烈又十分必要的自我覺察。

辨認仇恨的簡單練習：我，非我，以及他人

進入陰影領域的一個簡單的方式，就是列出一些符合你（「我」）以及不符合你（「非我」）的特質。下表的前兩行，是我自己的我與非我的特質。

在下表左欄空白格子填上你自己的「我」的特質，在右欄的空白格子填下你的「非我」特質。

我	非我
受過大學教育	未受過教育
殘障人士	身體健全

我	非我

這些「我」與「非我」的分類，可以包含某些陰影層面的你，不過因為我們從簡單的特質做起，你不太會感到太過仇恨。然而，如果你加入了「他人」（或者你絕不會做的事），你就會發現潛伏的陰影。

你可能會發現這些「他人」讓你警覺——或輕微或強烈。他們的某些事會引起你注目，你可能會不明所以非常關注在那些事上。仇恨會讓你喪失界限的一個原因是，你把自己的假想、情緒與未滿足的需求，投射到他人身上。

當你發現你的「他人」，你就踏入了陰影的範圍。當你極度專注在你的「他人」，並投射很多，你事實上會從內到外都打破自己的界限，你最後會與這位「他人」進入一種交纏的關係中。這就是為什麼仇恨如此具有威力，它是在警示你有不良界限喪失與糾纏存在。

✎ 請在下表我的案例之下空白處列出一些你的「他人」。

我	非我	他人
受過大學教育	未受過教育	那些拿到博士的人都名不符實
殘障人士	身體健全	大家把殘障人士視為無用之人

一般來說，這些都是你所否定的特質，而你可能對它們有很強的反感，又或者不允許自己那樣，有時候對你有害。你所寫下的可能是比如自私或享有特權，那可以讓你去思考自己是否也曾只專注自己，或者允許自己對占有特權地位（無論是否享用）洋洋得意。你所鄙視的他人特質，通常能揭露重要的事，幫助你看出你被教導如何對待自己。

關於仇恨與陰影工作的提醒

陰影工作是個幫助你發現並處理仇恨的練習，讓你不會危害自己或他人。陰影工作幫助你面對並重新整合你自身遺失的部分，讓你能夠成長並變得完整。在本書結尾資源的篇章有許多關於陰影工作的好書。

有助處理仇恨的練習

> **同理心正念練習**：接地並集中精神〜定義你的界限〜燒毀心理契約〜重新協議心理契約〜有意識的抱怨（獨自或協同夥伴）〜道德同理八卦〜回春

> **其他練習**：我，非我與他人〜陰影工作〜為你的陰影注入些幽默感

你不妨在上述練習中,圈出對你陰影工作或重新整合自我有幫助的項目。

你的個人仇恨練習

花點時間感受一下內心的問題:什麼東西落入了我的陰影中?哪樣事物必須重新整合?

「我,非我與他人」的練習,可幫助你快速盤點進入你的「他人陰影」的人或群體,不過列出自己無法忍受的他人特質的一般性清單也會很有幫助(有點像是「違反我的價值觀」清單,用來對照你在憤怒那個篇章所列的價值觀清單)。這些特質,諸如自私、惡劣,可能普遍不受喜歡,不過它們為你帶來你個人陰影的線索,讓你有機會進行陰影工作,以及陰影整合(如果你想這麼做的話)。

✏️ 花點時間列出你無法忍受的特質（以及你對它們的反應），感受一下它們是否需要被整合。

不想要的特質	我的情緒反應	這需要整合嗎？

恐懼家族

本能,直覺與定位

◇◇◇◇◇◇◇◇

恐懼～焦慮～混亂～嫉妒～羨慕～恐慌

恐懼家族的情緒是你的直覺與本能,
會幫助你定位自己與周遭環境的關係、留意變化、新事物
或可能的危險,並採取有效的行動。

恐懼：本能、直覺與行動

恐懼的獻禮與技能	好奇～本能～直覺～明確～用心～準備～活力
恐懼的內心問題	我感覺到什麼？ 應該採取什麼行動？
恐懼的細微差別	**輕微的恐懼**：警覺、本能、直覺、警惕 **中等的恐懼**：害怕、專注、不安、精力充沛 **強烈的恐懼**：瘋狂、過動、高度聚焦、嚇呆

恐懼幫助你專注當下，發揮本能，掌握你所在環境的變化。多數人被教導視恐懼為敵人，甚至光是提到恐懼就讓他們不舒服。如果你回想我們是怎麼談論恐懼，你可能很難想出任何認為恐懼是有益或必要情緒的說法。大家通常視恐懼為有害的或不想要的：「不用害怕，」「除了恐懼本身，沒有什麼令人恐懼的。」或者被作為保險桿貼紙的這句標語：「無懼！」

這有個問題：恐懼是個必要的基本情緒，它帶給你明確、本能與直覺。恐懼幫助你保持專注，並準備好應對你的環境。如果你陷入震驚或危險，你的警覺與準備會幫助你展開行動，保護自己與身邊的人。沒有恐懼，你並不會是個超級英雄。沒有恐懼，你無法提高警覺，無法受到保護。

你不需要感受很明顯的害怕才能獲取恐懼的獻禮。以下是輕微自然流露恐懼的例子。回想當你熟練的開著車，看了後照鏡，注意交通

狀況，掌控著你的車，避開危險。這所有的行動都需要處在當下（專注而警覺），並且與你良好的直覺及恐懼保持連結。

如果你保持行動能力、警覺、直覺與專注，你已經與輕微的恐懼連結。你現在只需要正確辨識你的恐懼，接納它，感謝它的所有協助。恐懼不是你的敵人，事實上，它可能是你所擁有最重要的朋友之一。

> 回想一個你感到平靜、直覺、優雅與踏實的情境，這情境中什麼讓你的恐懼變得柔和而自然流露。
>
>
>
> 寫下或畫下在這輕微恐懼運作中，你的界限感覺是什麼樣子？
>
>
>
> 現在回想一個讓你感到不安、有疑慮、不踏實的情境，這情境中什麼讓你的恐懼較為活躍？

> 寫下或畫下當你的恐懼需要保持在中等或強烈程度時,你的界限感覺是什麼樣子?

關於恐懼的提醒

恐懼帶來你所需要的覺察、本能與直覺,讓你監控環境,保持警覺與警惕——而且恐懼聚焦在當下。如果是未來有什麼威脅,焦慮會出現以幫助你做計畫與準備。如果有什麼對你來說真的很危險,那麼恐慌會出現,讓你用攻擊、逃跑、僵住,或者像逃安全地帶的直覺來保護自己。

有助處理恐懼的練習

同理心正念練習:接地並集中精神~親手接地~接地~定義你的界限~回春

其他練習:傾聽自我~確認身體狀況~保持覺察

你不妨在上述練習中,圈出當恐懼需要你注意時,對你會有幫助的項目。

你的個人恐懼練習

花點時間感受一下恐懼的內心問題：我感覺到什麼？應該採取什麼行動？

多數人被教導把我們的恐懼推開，或者視之為不速之客。這種不健康的訓練，讓我們與自身的本能及直覺疏離，不過所幸當我們重新與恐懼連結，我們就可以重拾這些良好的感受。

> 寫下一些會幫助你慢下來聆聽你的恐懼要你專注當下的說明、手勢或是身體姿勢。舉例來說，你可以輕輕舉起手並說：「等一下，我感覺到不對勁。」或者你可以深呼吸，專注自己，以便可以回到你的本能與直覺。
>
> 　　　　　我的恐懼支援的行動

焦慮：專注、動力與完成

焦慮的獻禮與技能	動力～遠見～專注～準備～拖延準備的支持系統～
焦慮的內心問題	是什麼導致這種感覺？ 真正需要做的是什麼？
焦慮的細微差別	**輕微的焦慮**：有能力、頭腦清晰、有條理、做好萬全準備 **中等的焦慮**：活躍、不安、具前瞻性、主動 **強烈的焦慮**：富有成就、富有動力、瘋狂、精力充沛

　　焦慮幫助你為未來做出計畫，著手做你必須完成的事情，並在你需要完成的時間內準時達成。請注意：如果你的焦慮之中，帶有懼怕與危險的感覺，你的救命情緒恐慌已經參與其中（請看第140頁）。學習分辨這兩種基本情緒是很重要的，因為他們分別需要運用不同的練習！

　　焦慮（或擔憂）是種聚焦在未來的驅動情緒，著重於可能即將發生的變化、問題或者契機。焦慮幫助你做計畫、做準備，組織你必須完成的任務，讓你準時完成。當你需要拖延的時候，焦慮也會支持你。

> 如果某些事你總是在逃避,你的焦慮如何出現幫助你完成它們?
>
>
>
> 如果有些事情你總是準時完成,這些跟你逃避的事情有何差別?這兩種任務分別屬於怎樣的情緒氛圍?

焦慮的細微差別十分重要

　　如你所知,焦慮是種非常活躍的情緒。因為它聚焦在未來,會讓你感到不接地,因為它的本質的關係某種程度會引導你前進,提振你的精力。注意你所感受到的焦慮在哪種強度會很有幫助,以下是我針對焦慮細微的差別所做的說明。

輕微焦慮	中等焦慮	強烈焦慮
在輕微的狀態下，你的焦慮會輕輕幫助你了解自己需要做什麼，而且它會幫助你很有效率的組織並完成你的任務。當它處在這種輕微狀態，你可能不會認為那是焦慮！	在中等狀態下，你的焦慮會更持續，而且你跟他人可能都可以明顯察覺。你會更感到時間緊迫，而且你或許甚至會忽略與必須完成的任務不相關的事。	在強烈狀態下，你的焦慮會幫助你面對突如其來的截止時間，或者堆積如山必須立即處理的事情。在這些強烈的情境中，你可能會變得狂亂或失焦。

壓抑你的焦慮並不是件好事，因為它還是會不斷的浮現——它有很重要的任務要完成！然而在強烈的焦慮迴圈下表露焦慮也會很麻煩；它會同時引導你往 5 個不同方向前進。會有幫助的練習是轉向你的焦慮並詢問它，真正需要做的是什麼？

如果你聚焦在自己，並問自己該做什麼，你就可以把全部的覺察力放在那個情況上。當你能學會辨認自己的焦慮、專注自己，並用心應對它，你就能獲得其中的遠見、計畫與激勵這些獻禮！

拖延的重要

許多人把拖延視為問題或懶惰的象徵，不過拖延的原始意涵是「明天的事」或者「延後到早上」。在許多情況下，不急著行動而是稍待片刻讓想法沉澱一下是很重要的。拖延給你喘息空間，以便讓創意可以流動。如果你想探索拖延之中的智慧，可以讀我的著作《擁抱焦慮》（暫譯，*Embracing Anxiety*）。

當你開始拖延，你最喜歡做的拖延活動是哪些？

這些活動提供了什麼樣的釋放效果？

關於焦慮的提醒

　　焦慮是一種行動導向的情緒，它轉強的速度很快。因此，你可能會錯過輕微程度的動態，只有在比較明顯時才會感覺到它。請參照第193頁的「情緒詞彙表」，挑出一些幫助你辨識你的焦慮的詞彙，當它還輕微的時候比較好處理。下一個練習是一種特定的療癒練習，取自我的書《擁抱焦慮》。

關於焦慮有意識的問題

溫和的提問練習幫助你直接面對你的焦慮，並一一辨識它所對應的難題，以便你可以組織你所有的任務、顧慮與想法。你可以從逐一（出聲）詢問自己這件事是否需要做開始。

話語真的是關鍵，因為焦慮的著眼超前，它會讓你陷入一連串活動，實際上卻完全沒有進展。你的焦慮為你帶來龐大能量幫助你完成事情，不過它需要你幫它理出條理並集中焦點。

把事情寫下來也很有幫助。寫下來是實質表達你的焦慮，察覺到它們，並有意識的組織它們的一種方式。你可以做條列式清單，或者更流暢形式的心智圖，端看哪一種方式對你最有用。

簡單的說出或寫下你的焦慮，就是一種情緒智能行動，幫助你把焦慮組織聚焦，以便可以讓你自己安定下來。運用這種快速又聚焦的覺察練習，你可以獲得焦慮的獻禮，找出任何即將到來的任務，組織所有完成任務所需要的事物，並且支持你自己與你的焦慮。

如何有意識的詢問你的焦慮

1. 運用清楚的說詞像是「好了，我現在要有意識的詢問我的焦慮。」以此來開始進行「有意識的詢問」練習。
2. 詢問你的焦慮，現在真正需要做的是什麼事？記得要寫下答案！如果你需要一些協助，可以問以下這些可能會有幫助的問題：
   - 我過去曾經達成或完成哪些與此相似的事情？

- 我有哪些強項與資源？
- 我可以把某些任務委託給他人嗎？
- 有沒有任何即將到來的截止期限？
- 有什麼還沒完成的事嗎？
- 我需要準備什麼？
- 我此刻可以完成哪一項小任務？

3. 當你感覺已經完成，用「謝謝你，焦慮。我已經完成了。」這樣的說詞，來結束「有意識的詢問」練習。
4. 當你做完詢問，再做一項（或多項）你或你的焦慮找出來的任務，同時也做些有趣、務實或者輕鬆的事。

好好照顧自己，請記住焦慮一直都關照著你，並且希望幫助你！還有，這個出自動態情緒整合（Dynamic Emotional Integration; DEI）社群的格言可能會很有幫助：

每件重要的事，總有充裕的時間。

有助於處理焦慮的練習

同理心正念練習：接地並集中精神～有意識的抱怨（獨自或協同夥伴）～有意識的詢問焦慮～重新協議心理契約～定義你的界限～回春

其他練習：刻意拖延～列清單～組織與做計畫

你不妨圈出上述練習中，你覺得很有支持作用，上次你焦慮時若有採用會很有幫助的項目。

你的個人焦慮練習

花點時間感受一下焦慮的內心問題：是什麼導致這種感覺？真正需要做的是什麼？

焦慮總是需要你幫忙它清楚聚焦，不過當你的焦慮高度活躍，你會很難專注！

> 當你的焦慮不是那麼高度活躍時，花點時間記下在你的焦慮程度提升到中等或強烈狀態時，會幫助到你的一些練習、活動或者能幫你專注的人。

我的焦慮支持系統

請注意：如果你已經盡力解決你的焦慮，但成效不彰，請對外尋求諮商師或者健康照護提供者的協助。有時候，特別是處理像焦慮這種非常活躍的情緒時，我們都需要外界支持來幫助我們回歸內心的平衡。

混亂：恐懼與焦慮的療癒面具

混亂的獻禮與技能	意識分散～天真～遺忘～可塑性～暫停片刻
混亂的內心問題	我該如何歡迎無知和無為呢？ 我的動機是什麼？
混亂的細微差別	**輕微的混亂**：可塑性高、開放、若有所思、不易專心 **中等的混亂**：迷茫、沉思、眼神空洞、注意力不集中 **強烈的混亂**：糊塗、滿頭問號、懸念、缺乏時間感

當你面臨太多變動、太多任務或者太多選擇的衝擊不知所措，混亂就會出現。混亂是恐懼與焦慮的療癒性面具，它會在訊息太多、變動太多時產生。

當你處於混亂，你無法做決定，因為可能無法做出正確決定，你也無法前進，因為你可能會走錯方向。這種朦朧、薄霧般的狀態，讓你停止收取訊息，為你所面對的情況蒙上薄紗。在很多情況之下，當你的行為或計畫無法與你想要的人、事或者場合相符的時候，混亂就會出現。混亂削弱你的注意力以及你做決定的能力，是有很充分的理由的。

如果你對抗你的混亂，並想辦法集中精神去行動，你必定會再次墜入混亂之中（或者陷入無止境的自我懷疑）。混亂的練習不是要消除混亂或者讓你強行穿越它，而是刻意製造空間給無知與無為。

> 你目前對於混亂的態度是什麼？
>
> a. 如果你能接受混亂，當混亂出現時你都怎麼做？
>
> b. 如果你很難承受混亂，當你感覺混亂時都怎麼做？

　　混亂本身不是個問題；它是在告訴你有問題！當你處於混亂之中，了解到你內在有個智慧正在替你運作是很重要的。如果你能與你的混亂合作，你就可以給予無知與無能空間，並且重新與自己真實的動機連結。

對於選擇產生混亂

　　當你陷入混亂，單純待在其中並休息一下是很有療癒作用的。

然而，如果你是在做重要決定時陷入混亂，問問自己：「我的動機是什麼？」會很有幫助。這個問題會協助你連結你的需求與價值觀，這些經常會在忙碌生活下被棄置一旁。了解自己的動機可以幫助你看出什麼是重要的，什麼無關緊要。

關於混亂的提醒

當資訊洪流以及他人的需求讓你不勝負荷，混亂的內心問題會幫上你的忙。然而，如果你一直都處在混亂之中，這是你深陷在一個讓你過度擾動的環境中的一個徵兆。寫混亂日記有助於你追蹤一天之內的專注狀況。如果你的混亂揮之不去，你或許該去看醫生，因為注意力喪失也有可能是健康發生變化的一個徵兆，請牢記所有情緒都是訊號；他們本身並不是問題——他們點出問題！

有助處理混亂的練習

> **同理心正念練習：**親手接地～定義你的界限～有意識的抱怨（獨自或協同夥伴）～回春

> **其他練習：**暫停一下～休息～無為～放空

你不妨圈出上述練習中，你覺得在你混亂時會很有幫助的項目。請記得混亂不需要很多刻意的練習，因為它主要的目的就是要你在不勝負荷的時候，能暫停下來好好休息。

你的個人混亂練習

花點時間感受一下混亂的第一個內心問題：我該如何歡迎無知和無為呢？

多數人被教導要去了解一切以及不斷做事。我們不太被允許無知或者無為，然而不幸的是，這會讓混亂更有必要，也更有可能會出現。我們需要休息與停工！

> 請寫下一些在需要停下來澈底休息時，能支持自己和緩解混亂的方法。
>
>
>
>
>
>
>
>

現在感受一下第二個內心問題：我的動機是什麼？

連結你的動機，特別是當你需要做選擇的時候，它能幫助你做出的決定符合你所握有的價值觀以及在這世上預期的使命。

✏️ 如果你對選擇發生混亂,請「先」寫下你的動機(你也可以運用在憤怒那個篇章所列出的清單項目)。接著把讓你感到混亂的那些選項,與你寫下的動機與價值觀比對。

我的動機與價值觀	選擇一	選擇二

這個練習可以幫助你與自己重新連結起來,特別是你在義務、時間限制、矛盾的選擇與眼花撩亂中打轉的時候。

嫉妒：關係雷達

嫉妒的獻禮與技能	愛～承諾～親密～安全感～連繫～忠誠～公平
嫉妒的內心問題	我渴望並想要提供別人什麼樣的親密關係？哪些背叛行為必須獲得承認與療癒？
嫉妒的細微差別	**輕微的嫉妒**：關心、有聯繫、沒有安全感、脆弱 **中等的嫉妒**：不信任、嫉妒、孤獨、表達愛意 **強烈的嫉妒**：熱情、好色、激情、佔有慾強

　　嫉妒幫助你注意並處理威脅到你的關係中的愛、忠誠與安全感的問題。嫉妒結合了直覺（恐懼）以及自我保護（憤怒），在你最親密的關係受到挑戰的時候出現。這些挑戰可能來自內部、外在甚或兩者兼具的自我價值喪失。

　　處理你的嫉妒重點在於，辨識你所感受到的風險是來自實際上的背叛，還是出於你自身的無價值感或不安全感。

　　無論是哪種情況，對於處理這個議題都很重要。

> 回想過去曾讓你感到嫉妒的一段關係。
>
> a. 回顧起來，那份嫉妒是否讓你警覺伴侶的不忠誠？若是，有哪些跡象？
>
> b. 如果不是，它是否讓你警覺自己的不安全感？

健全而忠誠的關係，對你的社交與情緒上的福祉與生存很重要。如果你的伴侶不可靠，或者你的關係出問題，你的嫉妒就會出現，來幫助你面對這種對你的幸福感十分真實的威脅。這是非常必要且健康的反應。然而，如果你不聆聽或讚許你的嫉妒，它會讓你陷入猜疑與沒安全感的迴圈，讓你與身邊的人都大受打擾。

傾聽你的嫉妒；它很有理由出現。忽略它就像是煙霧偵測警鈴響起時，不理會警報原因就把它丟出窗外。

> 如果你現在的關係就讓你產生嫉妒，你的嫉妒述說了你的關係中什麼樣的內幕？或者表達了關於你自己什麼樣的洞察？

　　你最重要的親密關係中需要安全感與忠誠，如果你忽略自己的嫉妒，你會無法辨識與維繫可靠的伴侶關係。幸運的是當你的嫉妒自然流露，你不會是癡狂的嫉妒或占有慾強；相對來說，你自然的直覺與清楚的界限，會幫助你選擇滋養並維持值得信賴的伴侶與朋友關係。

關於嫉妒的提醒

　　嫉妒是一個非常優異的社交情緒，它密切關注你的重要關係中的各個面向。你的嫉妒不僅會監控你的親密關係，而且會確保你與生活中重要的人物都維持忠誠而良好的連結。

　　不幸的是，這個情緒受到許多人的打壓，因此它的許多天賦都被困在陰影之中，讓它變得有害。多數人對這個情緒都很不熟練，因此，在你與伴侶談話之前你需要尋求幫忙去辨識你的嫉妒所點出的所有問題。

有助處理嫉妒的練習

同理心正念練習：道德同理八卦～接地並集中精神～定義你的界限～回春～有意識的抱怨（獨自或協同夥伴）～燒毀心理契約～重新協議心理契約

其他練習：找出你與伴侶的親密需求～探索關於健全關係的資訊

你不妨圈出上述練習中，對於你及你的嫉妒有幫助，能找出什麼困擾著你的項目。

你的個人嫉妒練習

花點時間感受一下嫉妒的內心問題：我渴望並想要提供別人什麼樣的親密關係？哪些背叛行為必須獲得承認與療癒？

嫉妒是一種社交情緒，關照著你的親密關係，那表示它蘊含著你以及你的關係的大量資訊。

🖉 你想要獲得與提供怎樣的親密？寫下清單會很有幫助。這對你與你的嫉妒會發揮接地與定義界線的作用，這樣一來你就可以了解你的關係之中存在什麼以及缺乏什麼，或者背叛（你的需求或你本身）的事情已經發生了。

我想要的親密	我提供的親密

羨慕：互動雷達

羨慕的獻禮與技能	公平～平等～獲得資源與認可～慷慨～安全感
羨慕的內心問題	我希望為自己與他人提供哪些資源與安全感？ 哪些不平等的現象必須改正？
羨慕的細微差別	**輕微的羨慕**：公平、受到啟發、保護、慾望 **中等的羨慕**：貪婪、慷慨、嫉妒、平等 **強烈的羨慕**：富裕、匱乏、貪財、貪心

羨慕幫助你注意並解決可能影響你的物質安全感、資源或認可的威脅。羨慕跟嫉妒很類似，它們的內涵都是混合了回歸界線的憤怒，以及直覺的恐懼。這兩種情緒的差異在於，羨慕幫你留意物質的安全感，以及你是否獲得資源與認可，而嫉妒則是幫你注意在你親密的關係中，愛的品質與忠誠度。

有些人把羨慕視為過時的情緒，他們把某些情緒誤認為不再必要。然而在現代世界，如今我們比起遠古時候都更需要金錢與資源——單純為了填飽我們的肚子！這表示現在我們為了自身的生存，更需要羨慕之中深度而保護性的智慧。羨慕幫助我們與維持自身生存與豐盛需求的社會與物質支持保持連結。

許多立意良善的父母與老師會訓練孩子不要羨慕，強迫他們分享玩具、輪流玩，或者對自己的需求與渴望感到羞愧。

> 你小的時候是否被允許主張你擁有的東西以及你的渴望？
>
> a. 如果是的話，你的羨慕在目前生活如何運作？
>
>
>
> b. 如果不是，你的羨慕現在如何回應你的需求與渴望？

　　羨慕是種基本且必要的情緒。如果你沒有妥善處理你的羨慕（如果你壓抑它或任其恣意而為），你（及你身邊的人）會受到因為你試圖盡可能少拿或有什麼都緊緊攫取而大受侵擾。當你妥善處理你的羨慕，它會確保你在社會上很安全，並擁有安穩的地位，它也會確保每個人都擁有夠多。

　　當你學習帶著敬意接收羨慕中的訊息，你不會顯得貪婪或是自我放棄，相對的，你的羨慕會提供你力量與洞見，幫助你了解並順暢悠遊於社交生活。

當你學會如何與你的羨慕合作，它會幫助你獲得你所需要的，也祝福別人的成功與所得，同時卻不忽略自己的安全感與成功的需求。

> 想想某個你現在羨慕的人，形容一下他們以及他們身處的情境。你的羨慕正向你展現你所讚許這個人的哪些部分（或者你自己的渴望何在）？

關於羨慕的提醒

羨慕包含了關於你的社交世界與其中所有人深入而豐富的資訊，不過因為羨慕（如同嫉妒）是受到壓抑與厭惡的，它的訊息容易隱藏在陰影中，可能會帶著自私與惡意。

然而就像嫉妒，你的羨慕也收集了你社交世界的基本資訊，而且其中包含了驚人的智慧，道德同理八卦練習會幫助你以健康而且合乎道德的方式，獲得羨慕中的重要社交資訊。

有助處理羨慕的練習

> **同理心正念練習**：道德同理八卦～接地並集中精神～定義你的界限～回春～有意識的抱怨（獨自或協同夥伴）～燒毀心理契約～重新協議心理契約

> **其他練習**：找出你與伴侶的親密需求～探索關於健全關係的資訊

你不妨圈出上述練習中，你覺得在你羨慕時會很有幫助的項目。

你的個人羨慕練習

花點時間感受一下羨慕的內心問題：我希望為自己與他人提供哪些資源與安全感？哪些不平等的現象必須改正？

如同嫉妒，羨慕也是個優異的社交情緒收集了大量的資訊，述說你社交生活中擁有（或缺乏的）安全感與平等。請注意：如果你花時間在社群媒體上，留心你的羨慕怎樣受到廣告與網紅的操控。以下的練習會幫助你讓你的羨慕聚焦在真實、你所持的價值觀上，那些會保護你讓你不受操控。

✏️ 你所渴望的對你很重要的資源與安全感是什麼（這也是你希望他人也擁有的）？把它們寫下來會很有療癒與保護作用。這會發揮接地與定義界線的作用，讓你可以聚焦在你最內心深處的價值觀，以便幫助你感到真實的安全感與全然平等。

我的渴望與要求是什麼？	我渴望他人獲得什麼？

立即恐慌：強大的保護者

立即恐慌的獻禮與技能	突然出現的能量～集中注意力～絕對靜止～生存本能
立即恐慌的內心問題	目前的威脅是什麼？ 請幫助我戰鬥、逃跑、僵住或逃往安全地帶？
立即恐慌的細微差別	**輕微的立即恐慌**：憂慮、覺察、謹慎、有方向 **中等的立即恐慌**：驚慌、尋求安全、準備就緒、隨機應變 **強烈的立即恐慌**：高度專注、高度活躍、驚恐、聚焦在生存

立即恐慌是種強大的情緒，它的出現是為了回應直接危及你實質生命的威脅。立即恐慌幫助你戰鬥、逃跑、僵住或者逃往安全地帶。如果你信任自己的本能，聽從你的身體，你的恐慌總是會做出正確的回應。

立即恐慌會幫助你在有難的時候戰鬥或逃跑（如果你做得到或者這對你來說是好的生存策略），或者幫助你僵住不動。你的恐慌也會幫助你向他人靠攏以策安全。恐慌也可能會釋放止痛的腦內啡，幫助你在受傷後存活下來，或者在必要情況下讓你定格不動或解離。這些動作都需要精力，恐慌會大量供應給你。

當磨難結束你的立即恐慌就會消退，而你會需要冷靜下來，並且

從活動狀態平息下來。你可能需要全身搖晃或抖動，用各種方式重新回想經歷的磨難，跟你所信任的人聊聊並重整自己。

> 回想兩個你曾運用戰鬥、逃跑、僵住或者逃往安全地帶，來讓自己避開傷害的情境，在下方將它們列出。
>
>
>
>
> 如果你還記得的話，請描述在你成功度過以上的難關後，你如何撫平自己？

如果你沒有花時間在這冷靜的階段，你可能會維持高度活躍的狀態，你的恐慌可能會把它視為你還深陷危險需要它幫忙的跡象。這高度活躍的狀態可能會開始讓你對所發生的危難反覆回想、創傷後重播。我們稱之為「定格恐慌」，你可以閱讀「定格恐慌」那個篇章的療癒目的。

關於立即恐慌的提醒

　　近年來對定格恐慌的關注很多,這有點掩蓋了我們對立即恐慌的覺察,它通常維持輕微的運作來讓我們保持安全。舉例來說,如果一個球或物品朝你飛過來,你一閃而過,那就是立即恐慌幫了你。恐慌不一定很劇烈,也不是種一定會維持很久的情緒。

　　請在日常生活中留意輕微的立即恐慌,那是幫助你避開傷害的情緒!

有助處理立即恐慌練習

> **同理心正念練習**:接地並集中精神～親手接地～定義你的界限

> **其他練習**:聽從你的身體～保持你的精力與敏捷～學習武術或自衛訓練

　　你不妨圈出上述練習中,你覺得在你處理恐慌時會很有幫助的項目。

你的個人立即恐慌練習

　　花點時間感受一下立即恐慌的內心問題:目前的威脅是什麼?請幫助我戰鬥、逃跑、僵住或逃往安全地帶?

處理立即恐慌並不需要很多練習；那是一種深層本能性的、保命且運作迅速的情緒！它總是不假思索就展開行動，而且幸好如此。

✏️ 因為立即恐慌屬於恐懼家族，賦予空間去聽從你的本能的這類恐懼練習會很有幫助，同樣很有助益的是，寫下一些你的立即恐慌挺身保護你的例子，這會幫助你學會辨認並連結上它的智慧，並支持它的基本運作。

事發情境	我的恐慌如何回應？	我培養出的技能

定格恐慌：治癒的見證人

定格恐慌的獻禮與技能	治癒過去的創傷～擺脫循環模式～重新整合
定格恐慌的內心問題	什麼東西被時間定格了？ 必須採取什麼治癒措施？
定格恐慌的細微差別	**輕微的定格恐慌**：恍神、煩躁、猜疑、心神不寧 **中等的定格恐慌**：神經質、顫抖、多疑、手足無措 **強烈的定格恐慌**：解離、麻痺、療癒創傷、暴力

　　定格恐慌的出現，是要幫助你解決未痊癒的創傷，它帶來你所需要的經歷去創造療癒與解決方案。重點是運用恐慌帶給你的經歷去採取療癒的行動。請記住：你已經存活下來了，定格恐慌會幫助你重新看待創傷事件，並從追求基本的生存，走向心理韌性與完整。

　　如果你在創傷經驗後無法平靜下來，你可能維持不斷警戒與蓄勢待發的狀態，你可能會發現自己躁動不安，不時出現驚嚇與衝動。你的身體可能無法放鬆，睡眠變得不好，自我照顧的習慣可能消失，你也可能會開始反覆想起恐慌情境的記憶，似乎是情不自禁瘋狂回想。你也會經歷持續性的重播、惡夢、幻痛、失去方向感、解離、情緒波動、麻木以及一些行為障礙。不過在這定格恐慌的領域中，它是重新整合與療癒的開始。

定格恐慌的第二個內心問題（必須採取什麼治癒措施？）非常關鍵。因為恐慌帶給你大量精力，使得你的確可以展開無數行動。不過那些行動會有療癒作用嗎？以下是從我的著作《擁抱焦慮》中所截取並調整過的表格，請研究一下能幫助你處理定格恐慌的治癒行動，與可能讓定格恐慌雪上加霜的模稜兩可行動的差別。

應對定格恐慌的治癒行動	為了避免定格恐慌而採取的模稜兩可行動
接地並安撫自己	忽略你的身體反應與需求
找尋創傷知情療法	獨自堅持並承受痛苦
尋求友愛的支持	拒人於千里之外
定期吃營養豐富的食物	用暴食麻痺自己，著迷於完美飲食，吃得過少、忘了吃或避免進食
養成規律而健康的運動習慣	變成一動也不動，用運動讓自己分散注意力或筋疲力竭
回春練習	利用藥物、行為或解離來獲取片刻寧靜、解脫與幸福
有意識的抱怨練習	無意識的抱怨或者讓自己沉默，因為不論怎樣都不會有人聽
定義你的界限練習	任由環境或他人為你定義界限
尋找正在應對類似困難的人所組成的互助團體	孤立自己，或說服自己不可能痊癒
選擇安全、舒緩且充滿愛的健康伴侶	選擇不可得或不穩定的伴侶，引發自己的恐慌反應

帶著同情心觀察自己是否陷入模稜兩可行動是很重要的，多數人不僅沒學過如何處理定格恐慌，而且甚至不知道那是什麼！恭喜你自己撐過來了，無論你用了什麼方法做到，你也可以試試一些上述的療癒方式（或者自創一些方式），看是否能幫上你的忙。

> 當你產生定格恐慌的時候，曾經用採取過哪些模稜兩可行動？
>
>
> 有哪些治癒性的行動，你覺得可以試試看是否有用？

我們都在學習並想辦法整合，而那些模稜兩可行動是想要幫助我們前進，因此要感謝自己。這些模稜兩可行動就是喬治・波南諾

（George Bonanno）在他的著作《彈性心態》（*The End of Trauma*）所說的「應對醜陋」（coping ugly）。如果你想學習如何處理定格恐慌，以及重新制定應對創傷磨難，閱讀這本書會很有幫助。

我也在彼得・列文（Peter Levine）的《喚醒老虎》（*Waking the Tiger*）一書中學到如何處理定格恐慌，他發展出來的方法「身體經驗工作」（Somatic Experiencing，請見 traumahealing.org），讓我學到如何用健康動物會用的方式處理恐慌後的狀態，那不僅賦予我力量，也幫助我找回定格恐慌的本質。

處理定格恐慌時收集支持

因為定格恐慌指向未痊癒的創傷，所以當你處理它的時候找到支援是很重要的。在《情緒想告訴你的事》（*The Language of Emotions*）一書中有許多建議，在本書資源的篇章也有許多療癒創傷的主題。當你進行療癒，你可能會需要諮商或醫療協助，不過請了解定格恐慌有很多重要的目的。定格恐慌並未製造創傷；它指認創傷，而且幫助你解決它。

關於定格恐慌的提醒

創傷並不是個無期徒刑，如果你能進入定格恐慌的本質中，就可以調節並將自己重新整合。當你處理定格恐慌的循環時，做些身體活動會幫助你療癒與恢復。舞蹈、自由律動、瑜伽、太極、水中運動、健行以及其他各種運動都可以幫助你重拾你的靈活性、力量與俏皮。

有助處理定格恐慌的練習

> **同理心正念練習**：接地並集中精神～親手接地～定義你的界限～回春～燒毀心理契約～重新協議心理契約

> **其他練習**：選擇療癒的行動～探索身體創傷療癒法～選擇療癒的身體活動

你不妨圈出上述練習中，你覺得在你處理定格恐慌時會很有幫助的項目。

你的個人定格恐慌練習

花點時間感受一下定格恐慌的內心問題：什麼東西被時間定格了？必須採取什麼治癒措施？

如同你可能已經知道的，定格恐慌反應會讓人感覺很不安或者難以承受，那會讓人想要擺脫那一切。但是這些恐慌反應對於你從未獲解決的創傷情況中恢復以及重整自己，都是非常必要的部分。在釋放與治癒這些反應時，讓自己周圍充滿支持是很重要的。

花點時間寫下一些你最喜愛的療癒行動（你可以在第 145 頁的療癒行動表，以及你在第 146 頁所寫的答案中找到靈感），這樣一來，當你的定格恐慌需要你的注意與支持的時候，你就有許多資源可用。

悲傷家族

停止、放手與恢復

◇◇◇◇◇◇◇◇◇◇

悲傷～悲慟～情境型憂鬱～自殺衝動

悲傷家族的情緒可以幫助你釋放沒有在運作的東西，
哀悼已經消失的東西，
這樣你就可以放鬆、放手並讓自己回春。

悲傷：水瓶

悲傷的獻禮與技能	釋放～流動性～～接地～放鬆～回春
悲傷的內心問題	必須釋放什麼？ 什麼必須回春？
悲傷的細微差別	**輕微的悲傷**：失望、接地、低氣壓、放鬆 **中等的悲傷**：情緒低落、回春、悲傷、舒緩 **強烈的悲傷**：絕望、淒涼、傷心欲絕、釋放

悲傷幫助你放下對你不再可行的事物、想法與關係。人們經常因為那種感覺不好受而怪罪悲傷；然而，事實上是因為人們堅持某些不可行的事，悲傷才會出現。那可能是過去曾經運作很成功的態度、關係、信念或者行為，但現在已經不如以往。悲傷的出現是要幫助我們放下。當我們能夠放手，才能夠感到放鬆與復原。

不幸的是，許多人視悲傷為軟弱，當他們感到悲傷，就壓抑它然後變得麻木。或者當他們看見別人悲傷，就試圖壓制或者羞辱他們。

> 多數人被教導要壓抑悲傷，或展現出強硬與能幹的樣子。當你的悲傷出現時，你通常會怎麼表現？

> 當你壓抑悲傷時,你的界限看起來或感覺起來是什麼樣子?
>
>
> 當你能夠釋放或放下不可行的事物,你的界限看起來或感覺起來是什麼樣子?

下次你感到悲傷時,請觀察自己的反應。當你的淚水與悲傷試圖湧現時,你是否會阻止自己或者引以為恥?如果是這樣,是時候燒毀或重新協議某些心理契約(請看第73頁),改變你對待悲傷的相關方式了。我們多數人有關悲傷的訓練都很糟,不過幸運的是,你可以在自己的情緒領域,創造一個歡迎悲傷到來的家。

甚至當你在某些因素下必須壓抑悲傷時,你還是可以尊重你的悲傷。如果情況不安全或不允許,無法公開表達悲傷,壓抑明顯的悲傷表現是沒問題的,不過,你還是可以尊重悲傷並且在情緒上保持誠實。你可以深深吸氣,放鬆你的姿勢,再吐氣釋放緊繃。

這效果不如盡情哭泣那麼好,不過它是當你處在情緒需要收斂的環境中,讓你能夠尊重自己的悲傷以及釋放需求的一種方法。

> 回想最近一次你感到悲傷但不清楚原因的經驗，你可否感受到悲傷想要幫助你釋放什麼？

悲傷並不只是關於失去與放下，它也是關於恢復你的情緒之流與你的自在，讓你能夠重啟自己的身心。當你終於能夠放下不再可行的事物，你就瞬間有空間容納其他可行的事物。

關於悲傷的提醒

我把悲傷稱為「心靈療癒的萬靈丹」，因為它具有讓你在任何情況下都能接地與和緩下來的力量。如果你感受到任何形式的緊繃或過度活躍，你的悲傷都能幫助你放鬆安定下來。

歡迎自己與他人的悲傷，當你周遭的人需要哭泣，不要阻止他們或尷尬的避開。只要吸氣，放鬆，並為悲傷這基礎療癒靈藥創造出接納的空間就好。

有助處理悲傷的練習

同理心正念練習：接地並集中精神～親手接地～燒毀心理契約～重新協議心理契約～回春

> **其他練習**：放下～哭泣～休息～放鬆你的姿勢～舒緩自己

你不妨圈出上述練習中，你覺得當你感到悲傷時會很有幫助的項目。

你的個人悲傷練習

花點時間感受一下悲傷的內心問問題：必須釋放什麼？什麼必須回春？

悲傷是關於學習放下與順流，以便你有足夠空間讓自己放鬆與恢復活力。然而，現代生活容易把我們推向無止境的工作、不得休息，以及累積更多東西與經驗。在這種衝衝衝的環境中，你的悲傷需要支持！

列出一個支持你的悲傷的影響與活動清單（像是慢舞、聽音樂、休息、整理雜物等），以便你需要投入悲傷的療癒之河時，可以隨時來此找到資源。

我支持悲傷與情緒之流的方法

哀慟：靈魂的深河

哀慟的獻禮與技能	哀悼～紀念～致敬逝去～深度釋放～哀嘆
哀慟的內心問題	什麼是必須哀悼的？ 我如何承認失去的人、事、物？
哀慟的細微差別	**輕微的哀慟**：沉思、脫節、釋放、依依不捨 **中等的哀慟**：灰心、悲慟、哀嘆、回憶 **強烈的哀慟**：痛苦、失去親人、心碎、成聖

當你失去很重要的人、關係、物品或情境，而且再也無可挽回，哀慟會出現來支持你。哀慟是愛的一種很基本的要素。

哀慟是種很美的情緒，而且跟悲傷非常不同。悲傷是你對放手還有所選擇，但是哀慟是在你別無選擇時發生。失去，在未經你許可下發生，而且是永久性的。哀慟是個很強大的情緒，因為它的出現是要幫助你面對強烈的失去。

辨別悲傷與哀慟的差異

下一頁的表格中，舉出兩個例子來區別悲傷與哀慟，剩下的空格，請填入你自己的範例。

悲傷：我可以選擇放下的人事物	哀慟：已經永遠失去的人事物
廚房雜物	我的父親
我不想做的運動	變成專業運動員的機會

　　你的哀慟之所以出現，是因為你失去一段關係、一個夢想、一份工作、健康，或者你所擁有的重要事物。你也可能因為遭到背叛，或者因為從未擁有別人認為理所當然的東西而感到哀慟。當這些失落的情況發生時，哀慟幫助你抵達內心最深處，做出釋放與哀悼，以便你可以開始痊癒。

　　哀慟本身不會讓你痛苦；它是對喪失之痛做出反應。如果你用拒絕感受或認可，來迴避或壓抑你的哀慟，每個消逝與每個失去都將層

層累積堆疊（如同在亂書桌上堆疊的紙張），直到你被這些還未感受到、未獲解決的失去淹沒。如果你歡迎你的哀慟，保持接地，聽從你的身體，你就能夠感受到自己穿越它並走向另一頭。哀慟的歷程是很個人的；每個人都有適合自己的方式、想法與時間表。有些人可以獨自哀慟，不過在多數文化中，哀慟是個共同的過程。可以體驗各種文化不同的哀慟儀式，找到與你的心靈有共鳴的方式，對你的療癒會很有幫助。

> 你或你的家庭是否有任何支持哀慟的練習？
>
> a. 如果有，這些練習具備哪些元素？
>
> b. 如果沒有，你都是如何表達哀慟的？
>
> 你是否隸屬於任何具備有益的哀慟儀式的文化？
> 如果有，這些儀式如何幫助你？

如果你沒有接觸任何療癒性的哀慟文化，可以閱讀梅根・德凡（Megan Devine）的相關書籍，找一個當地的哀慟支持團體，或者加入同理心學院（Empathy Academy）參與我們年度的線上哀慟儀式。當你哀慟過後（此時暫時完成；哀慟經常會反覆回來，提醒你，你已經失去了什麼重要的事物），你不會需要或想要消除那些喪失事物的回憶；相對的，你的失去會變成你的一部分——你的歷史、你的力量，以及你意識到生命脆弱性的一部分。當尊重並接納你的哀慟，你不會變成刀槍不入，或者因哀慟而堅強；相對的，當你連結這種哀慟並以神聖方式看待失去，你會在這種真實的力量面前變得柔軟。

關於哀慟的提醒

喜悅會在哀慟之時或之後產生，因為兩種情緒都牽涉到與人協同與深入連結的時光。當你哀悼與哀慟，喜悅可能會在你涉入哀慟那深沉而療癒性的河水中時出現支持著你。

在動態情緒整合中，我們了解到哀慟儀式、神殿與聖壇，可以為哀慟歷程帶來神聖性與社群支持。如果你正經歷哀慟之苦，或者比較輕微的失去，一位專業的動態情緒整合人員都可以用支持與陪伴，幫助你創造一個哀慟儀式，以便你能夠哀悼、療癒、重整自己。

有助處理哀慟的練習

> **同理心正念練習：**接地並集中精神～親手接地～回春

> **其他練習：**哭泣～哀悼～創造或參加哀慟儀式～參加哀慟支持團體～回憶你的失去

你不妨圈出上述練習中，你覺得在當你感到哀慟時會很有幫助的項目。

你的個人哀慟練習

花點時間感受一下哀慟的內心問題：什麼是必須哀悼的？我如何承認失去的人、事、物？

許多人逃避哀慟，因為面對失去會讓他們感到難以承受。然而，失去是全然活出生命時很必要的部分。

列出你失去的以及你創造（或想創造）幫助自己向哀慟致敬的活動，這有助於你的療癒。

我所失去的	我如何向失去的致敬

情境型憂鬱：巧妙的停滯狀態

情境型憂鬱的獻禮與技能	向內聚焦～靜止～覺察不平衡～刻意不從事活動～與自己重新連結～反思現實
情境型憂鬱的內心問題	我的精力跑去哪裡了？ 為何跑掉了？
情境型憂鬱的細微差別	**輕微的情境型憂鬱**：淡漠、不感興趣、平淡、現實 **中等的情境型憂鬱**：持續煩躁、憤怒或狂暴（參見憤怒章節）、憂鬱、向內聚焦 **強烈的情境型憂鬱**：痛苦、自我毀滅、折磨、轉變

當你的生活某個面向失去平衡，或者喪失功能時，情境型憂鬱就會產生，它是為了十分重要的因素壓制你的精力。情境型憂鬱有個使命，它要提醒你事情不對勁，並且阻止你前進，直到你把那情況解決。你的任務就是去找出事情哪裡出問題了。

如果你仔細研究自己的生活，你可以觀察自己的身體健康、關係、工作環境，以及你的社交狀況，找找看以上這些是否有任何一個領域陷入困境。（你可以在連上網址 karlamclaren.com/LoE-workbook，下載憂鬱量表〔Depression Inventory〕）

有時候導致你憂鬱的原因很明顯，但是你卻無能為力。即使如此，在你等待憂鬱情境解除之前（或在想辦法逃離之際），你仍然有許多方式能夠幫助自己。

✏️ 協同一位夥伴做「有意識的抱怨」練習（參照 pages 48-50），對情境型憂鬱非常有幫助。它會幫助你不受拘束的談論問題，並且對它有更清晰的掌握。請列出在你低潮或卡關時能陪你抱怨的人選清單。

　　轉移注意力的活動像是看電視、打電玩或者吃些療癒食物，在你身處情境型憂鬱時能夠幫些忙。做些藝術表達以及身體活動，會更有奇效，你有時可以透過這些形式的表達過程，獲得一些想法與解答。

　　跟放鬆與有趣的人親近也會很棒，走向大自然或者接觸藝術、音樂、詩或者偉大的思想家，則是深陷還無法解決的情境型憂鬱時，很理想的關照自己的方式。

✏️ 當你感到低潮且筋疲力竭時，哪些活動可以幫助你？請列出清單。

> 情境型憂鬱有時會很類似冷漠（或無聊），如果你對這兩種情緒有經驗，可否描述冷漠與憂鬱的差異？

關於情境型憂鬱的提醒

　　情緒型憂鬱是一種情緒低落，可以溯及源自你生活或行為的某些改變。然而憂鬱還有其他很多種型態，那些可能需要治療與醫療的介入。如果你的憂鬱有週期性，或者你做了許多療癒努力卻沒有好轉，請尋求專業治療的協助。

　　也請特別注意，有些人的憂鬱還會伴隨煩躁、沮喪甚至狂暴。有些看起來像是憤怒的問題，事實上是憂鬱的徵兆。我的網站上的憂鬱量表可以幫助你追蹤並觀察憂鬱對你生活的影響。如果你運用了量表卻無法找出任何不平衡或明顯原因導致你憂鬱，請尋求專業治療，協助你找出肇因。

有助處理情境型憂鬱的練習

同理心正念練習：接地並集中精神～親手接地～定義你的界限～有意識的抱怨（獨自或協同夥伴）～燒毀心理契約～重新協議心理契約～回春

其他練習：休息～採取刻意轉移注意力的活動（參照我的憂鬱量表）～刻意什麼事都不做

你不妨圈出上述練習中，你覺得在當你感到憂鬱時會很有幫助的項目。

你的個人情境型憂鬱練習

花點時間感受一下情境型憂鬱的內心問題：我的精力跑去哪裡了？它為何跑掉了？

很多人對於自己發生憂鬱，會感到羞愧或者或沮喪，彷彿憂鬱是種人格缺陷，而不是對於發生嚴重問題的必要反應。當你陷入憂鬱，請別自我批判，你可以用量表盤點一下目前自己的狀態。請牢記，憂鬱並非你個人價值的評判。

情境型憂鬱會幫助你找出問題在哪裡，讓你可以著手去解決它們。

當你感到憂鬱，確認那是由於你生活的哪個方面出問題或受到忽略？請打勾。

我的憂鬱量表

你的身體	你的關係	你的世界
□飲食	□你的伴侶（或缺乏伴侶）	□你的財務狀況
□健康	□家庭	□你的職場狀況
□運動	□朋友	□你的社群狀況
□睡眠	□同事	□你的政治狀況

　　當你面對很多麻煩，你的情境型憂鬱會讓你無法前進，因為此時並非前進的時機。有事情阻擋在前面了，請參照我網站上的憂鬱量表，找到當你處於因為某種重要因素，情境型憂鬱必須阻止你向前時，你可以做些什麼事來幫助自己？

自殺衝動：黎明前的黑暗

自殺衝動的獻禮與技能	確定性～決心～自由～轉變～重生
自殺衝動的內心問題	哪些情況與行為現在必須結束？ 我的靈魂裡再也不能容忍什麼？
自殺衝動的細微差別	**輕微的自殺衝動**：灰心、厭倦、堅決、退縮 **中等的自殺衝動**：孤獨、解放、宿命論、沒有熱情 **強烈的自殺衝動**：苦澀、尋死、釋放、自殺傾向

當你在這世上已經變得跟內心深處的自我產生極端的分歧，到達再也無法忍受的時候，自殺衝動就會產生。自殺衝動是從你靈性失落的部分，發出的緊急訊息。這些衝動想要讓你從目前的生活中解脫，不過這些衝動絕對不需要你真的讓實體生命結束。

....

如果你或你所認識的任何人，正感覺想要輕生，要知道你並不孤單，永遠都有可以找到許多義務性的幫助。請務必尋求協助。在臺灣請隨時洽詢：
自殺防治學會：撥打安心專線 1925，網站：https://www.tsos.org.tw
國際生命線臺灣總會：撥打專線 995。網站：http://www.life1995.org.tw

自殺衝動有不同的強度，不管你此刻感覺處於任何程度，都不要感覺非得要到非常緊迫才需要尋求幫助。如果你可以在自殺衝動還很輕微時就辨識出來，並尋求支持，你就能夠避免落入絕望深淵。

如果你處於有自殺衝動的困境，學會在很輕微、不明顯時就辨識到，是很重要的。

> 回想一個你對某些事感到無比厭倦，再也無法忍受的時刻，或者回想曾經想要全然棄絕某人或某事的時候，現在沉浸在那種情境中：你可否感辨識出你輕微的自殺衝動想要提醒你注意什麼樣的嚴重問題？

> 你輕微的自殺衝動,可以幫助你對於惡劣的情境、傷害性的行為,或者某個帶來困擾的人,提出堅決與最終的拒絕。回想一次你有辦法果決終結一個惡劣的情況或關係的經驗。你的力量與堅決從何而來?

關於自殺衝動的提醒

　　自殺衝動經常伴隨許多受困的情緒與創傷記憶;因此知道如何跟所有其他情緒妥善合作十分必要。要能安全的進入這個領域,具備所需的正念的練習與資源也非常重要。請確定有諮商師或者醫師從旁幫忙,如果有此需要的話。

　　自殺衝動在歷經很長一段掙扎後出現,它們真的是黎明前的黑暗,不過它們需要支持。如果你感覺想要自殺,請務必尋求協助。這世界需要你。

有助處理自殺衝動的練習

> **同理心正念練習**：燒毀心理契約～重新協議心理契約～接地並集中精神～親手接地～定義你的界限～有意識的抱怨（獨自或協同夥伴）～回春

> **其他練習**：務必了解你的實質生命並「不」需要結束～對不可行的情境堅決說「不」～休息～撥打緊急專線或找諮商師～強化情緒詞彙

你不妨圈出上述練習中，你覺得在你出現自殺衝動會很有幫助的項目。要知道自我傷害絕對不是情緒想要你做的，相反的，你的自殺衝動會幫助你帶來強大且堅決的力量，去終結不可行的行為，把自己從無法忍受的情境中拯救出來。

你的個人自殺衝動練習

花點時間感受一下自殺衝動的內心問題：哪些情況與行為現在必須結束？我的靈魂裡再也不能容忍什麼？

如同情境型憂鬱，很多人也會視自殺衝動為人格的缺陷，而不明白它是事情完全失控時，十分必要的一種情緒。有幫助的療癒練習是，對讓你陷入困境的某個情況與行為提高警覺，你可以依靠自殺衝動的輕微詞彙，以便在它們進入失控迴圈之前就揪出問題。

感受一下第一欄的輕微詞彙,圈出你有感的詞彙。接著確認情況與行為狀況,回答第二與第三欄的問題。

輕微自殺衝動	什麼需要終結?	你需要什麼幫助?
冷漠 氣餒 沒有興趣 沒有精神 厭煩 乏味 沒幽默感 冷淡 孤立 悲觀 無目的 現實 堅決 孤僻 厭世		

如果你可以學會在自殺衝動輕微的階段就逮到它,通常都能避免落入痛苦或自我傷害。在自殺衝動的領域,你情緒覺察與感受的能力,可以名符其實救你一命!如果你或你認識的任何人感到想自殺,請記得你永遠都能找到義務性且保密的協助。

幸福家族
希望、信心與啟發

◇◇◇◇◇◇◇◇◇◇◇

幸福～滿足～喜悅

幸福家族的情緒可以幫助你帶著希望、滿意與喜悅看待自己、周圍或未來。

幸福：愉悅與可能性

幸福的獻禮與技能	歡樂～樂事～希望～愉悅～嬉戲～活力
幸福的內心問題	什麼讓我高興？ 什麼讓我感到充滿希望？
幸福的細微差別	**輕微的幸福**：充滿希望、天真、微笑、輕鬆愉快 **中等的幸福**：快樂、高興、樂觀、嬉戲 **強烈的幸福**：輕狂、頭昏腦脹、容易上當、興高采烈

　　幸福幫助你充滿希望並開心的看待自己的內心、周遭一切以及未來。當幸福自然的出現時，你要做的就是開懷大笑、眉開眼笑以及作夢──然後順著情緒之流進入下一個任務或者迎接下一個情緒。幸福是所有人最喜愛的情緒，不過它就僅僅是一個情緒，它的出現有其理由，接著它來了又去。試圖一直維持快樂，或者強迫它持續下去，會導致你的整個情緒生活失去平衡。

　　用健康的方式處理幸福的關鍵在於，視之為一個短暫的過程，而不是最終目的地。流動才是重點！

哪些地方、活動、人或者動物會讓你感到快樂？

有些人會迴避幸福快樂，因為它經常跟愚蠢與傻氣連在一起（像是快樂的傻瓜、傻傻搞笑等）或者被視為孩童的情緒。很多人被教導一個努力工作與有責任感的人必得犧牲幸福。

這些想法有個漏洞，事實上孩童是非常認真與努力的。如果你曾經跟一群8歲的孩子一起建造堡壘，以及從旁協助孩子完成一項艱難的家庭作業，你就會目睹孩子的敬業精神很有可能超越許多大人。

孩童有種自然的能力，可以全神貫注在重大的問題與作業上而不被壓垮。事實上，允許孩子大笑、嬉戲與耍廢能幫助他們投入並擺脫困境，而且保持專注與活力。

你是否經常抽空耍廢、嬉戲、放空，或者夢想一個幸福的未來？

a. 如果是的話，你是怎麼學會迎接幸福的？

b. 如果不是的話，你在無法經常獲得快樂的情況下，如何經營生活？

我們都需要玩樂、耍笨，來平衡我們的緊繃而嚴肅。如果你允許自己的快樂自然流動，它會在正確時機以正確強度湧現。

如果你想要卻無法獲得你的快樂，專注在悲傷這個萬靈丹，它可以幫助你恢復你的情緒流動。如果你經常感受不到幸福，請參照我的憂鬱量表，確認狀況。

關於幸福的提醒

認為幸福是最好或者唯一該有的情緒的人，往往忽略了幸福有個缺點，過度專注於幸福感，會導致對未來過度樂觀。這可能會使得人們在不顧其他情緒之下就展開行動，因此會無法了解整體情況或者自身的局限。如同其他情緒一樣，平衡與流動是主要關鍵。

有助處理幸福的練習

> **同理心正念練習：**接地並集中精神～有意識的抱怨（獨自或協同夥伴）～重新協議心理契約～回春

> **其他練習：**笑～嬉戲～有趣的活動練習～保持傻氣

你不妨圈出上述練習中，你覺得在對於你感受與探索幸福感會很有幫助的項目。

你的個人幸福練習

花點時間感受一下幸福的內心問題：什麼讓我高興？什麼讓我感到充滿希望？

最好能提醒自己記得一些能幫助你獲得快樂與希望感的活動、想法、事物與人。我們經常淹沒在工作、關係與麻煩之中，而忘記了一些能幫助我們開心起來，感到好玩的簡單事物。

利用以下空間，為自己寫下快樂的提醒。

我的幸福感清單

滿足：讚賞與認可

滿足的獻禮與技能	滿意～自尊～自信～更新～成就感～享受
滿足的內心問題	我如何體現自己真實的價值觀？
滿足的細微差別	**輕微的滿足**：平靜、舒適、鼓勵、具自我意識 **中等的滿足**：自信、滿足、自我實現、自豪 **強烈的滿足**：傲慢、過度自信、心滿意足、自我陶醉

　　滿足幫助你歡慶你健健康康的行為、你的成就，以及你願意挑戰自己。當你符合自己的期望以及內在的道德標準，或者完成優異的工作成果，滿足感便會出現。當你的滿足與羞愧搭配合作得宜，能幫助你掌控自己的行為，讓你擁有腳踏實地與務實的自尊感。

　　如果你的羞愧太強烈，或者面對不健康的羞愧訊息，你就很難感受到滿足感。你會感覺像是自己做什麼都不對。另一方面來說，如果你沒有足夠的羞愧，可能會因為不合理的理由而感到滿足，可能會培養出膨脹的自尊。當這兩種情緒失去平衡，你會很難掌控自己的行為、自尊，或者無法改變與成長。

> 滿足連結到對自己感到驕傲,但不幸的是,驕傲往往被當作是負面的特質。當你還小的時候,是否被允許為自己感到驕傲呢?
>
> a. 如果是的話,你現在跟滿足與自尊的關係如何?
>
> b. 如果不是的話,現在你有辦法為自己感到驕傲嗎?怎樣的成就會幫助你為自己感到滿足?

可惜的是,有些人迴避滿足,因為他們認為慶賀自己是徒勞或者是傲慢的。然而,滿足賦予你所需的許可與勇氣,去挑戰自己,為艱難的目標奮鬥。如果你不歡迎自己的滿足,你可能無法認可或者讚賞自己的努力或才能。另一方面來說,強迫自己滿足也不健康。研究指出,低自尊感的人事實上經常會在複誦一些理應要讓他們對自己感覺更好的正向語錄或詞彙後,卻感覺更糟。你的羞愧與滿足無法被不正

確的陳述所唬弄。

跟你的滿足保持健康的關係,關鍵在於當你實踐你的價值觀或者表現很好時,花點時間認可自己——然後再回頭繼續努力,迎向下一個滿足!

觀察你的滿足的簡單方法

探索你對做好事情的情緒反應,可以讓你快速了解你和自己的滿足感是如何攜手合作的。

請在第一欄寫下近期做得好的 5 件事,包含準時上床睡覺或者丟垃圾這種簡單的事。在第二欄寫下當你把這些事做好時,你的感覺如何?

你做得很好的事	你的情緒反應

如果你在此處出現除了滿足以外的情緒,請到它們各自的章節去看看它們想告訴你的智慧。

關於滿足的提醒

許多人難以感到自尊與滿足,單純是因為他們不知道如何處理自己的羞愧。如果你很少感到滿足,或者很少為自己感到驕傲,觀察你與羞愧的關係。你是否受困於許多不健康的羞愧訊息?如果是的話,請看羞愧的章節並且燒毀心理契約。當你的羞愧從不健康或不真實的訊息釋放出來,你的滿足就很快能夠自然且適切的運作。

有助處理滿足的練習

同理心正念練習:接地並集中精神～定義你的界限～燒毀心理契約～重新協議心理契約～有意識的抱怨(獨自或協同夥伴)～道德同理八卦～回春

其他練習:找出你真實的價值觀～注意自己做得很好的事～處理你的羞愧

你不妨圈出上述練習中,你覺得對你感受滿足有幫助的項目。

你的個人滿足練習

花點時間感受一下幸福的內心問題：我如何體現自己真實的價值觀？

> 寫下一些對你來說最重要的價值觀（像是忠誠、想像力、友善等），對於你學習處理你的滿足會很有幫助。然而，也做好準備，去發掘一些看似是你的價值觀但其實是不真實或者他人強加在你身上的。你可以隨意劃掉或消除不屬於你的價值觀（你也可以運用燒毀心理契約練習），然後用真正屬於你的價值觀取而代之。找到你真實的價值觀與真實的心聲是一生最療癒的練習。
>
> ### 我的真實價值觀

喜悅：親和力與交流

喜悅的獻禮與技能	延伸～溝通～啟發～輝煌～光輝～愉悅
喜悅的內心問題	是什麼為我帶來深刻的連結與無限的拓展？ 我如何整合這種光彩奪目的經驗？
喜悅的細微差別	**輕微的喜悅**：鼓勵、受到啟發、開放、平和 **中等的喜悅**：激動、擴展、喜悅、不接地 **強烈的喜悅**：極樂、歡愉、狂躁、欣喜若狂

　　喜悅幫助你感受敞開心胸與其他人、其他想法及其他經驗彼此交流與連結的極樂。喜悅經常被視為是情緒之后，或者一種要去追逐或受禁錮的巔峰狀態。你現在知道了，沒有任何情緒應該被如此看待。喜悅是種人類正常的情緒，具有特定的存在目的。試圖捕捉或強迫自己喜悅，都會在你的情緒生態之中造成不平衡。

　　當你的喜悅運作得宜，它會在與大自然、愛與美交流的時刻產生──當你感到像是與萬物同在時。回想你感受到一種開放而強大的平靜感受的時候，像是你在一天之中最美好的時光身處於最喜愛的自然環境之中，或者當你跟你所喜愛與全然信任的人與動物在一起的時候，這時你就可以感受到自己的喜悅。

你小時候被教導如何對待喜悅?

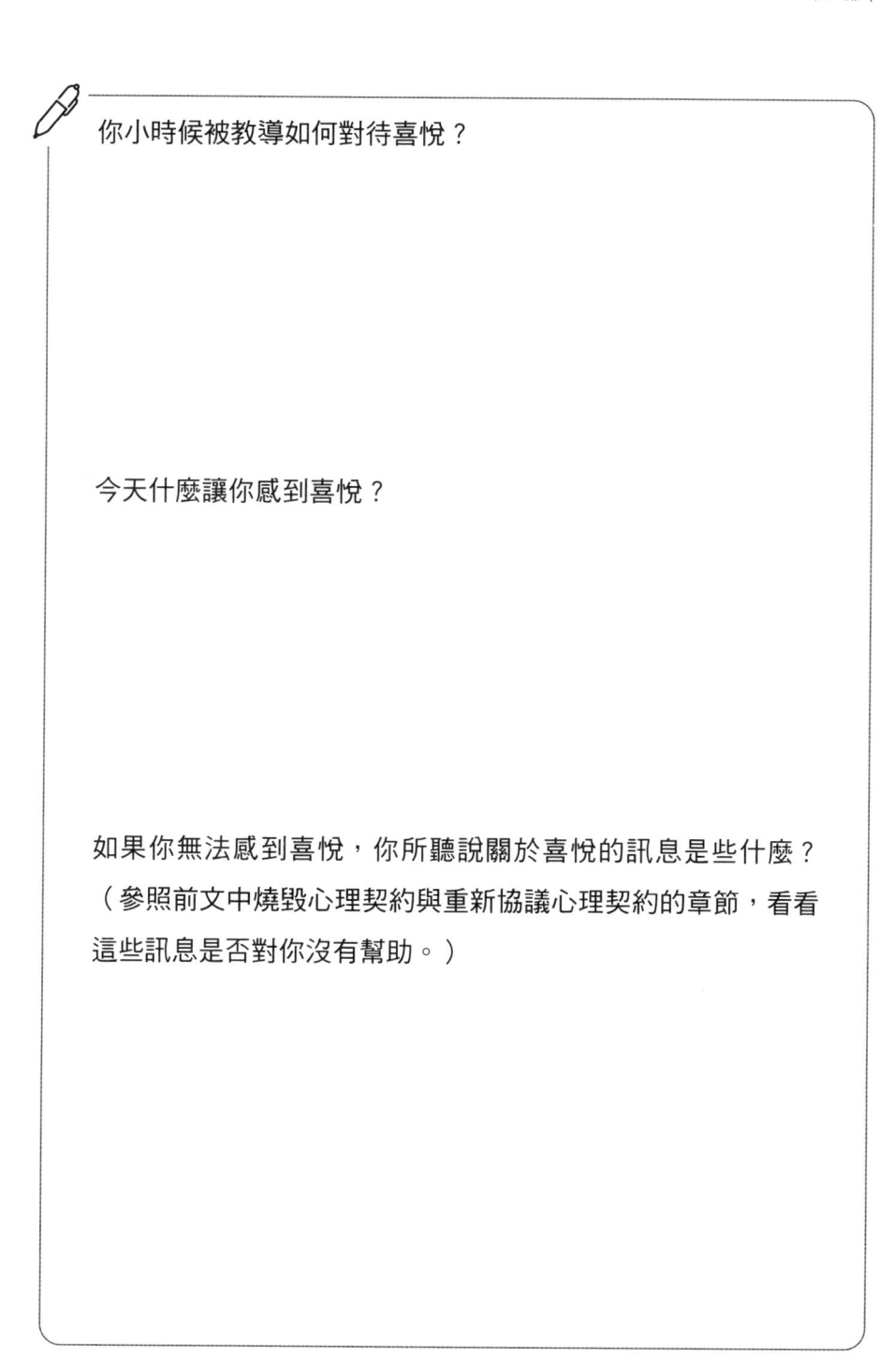

今天什麼讓你感到喜悅?

如果你無法感到喜悅,你所聽說關於喜悅的訊息是些什麼?
(參照前文中燒毀心理契約與重新協議心理契約的章節,看看這些訊息是否對你沒有幫助。)

喜悅在你心中；那是人類自然的情緒，但是我們通常都被教導要把它視為神奇而不可得的。所幸你可以以尊敬來對待你的喜悅。當喜悅出現時請迎接它，並在需要轉向其他情緒時讓它消退。保持情緒流動是關鍵重點。

關於喜悅的提醒

喜悅是種代價很高的情緒，它可能會讓你鬆開你的界限（你的憤怒與羞愧），讓你對新經驗敞開心胸。在這種開放狀態，你可能不需要強烈的本能（也就是你的恐懼），而且你可能會相對的不受保護。這是一種重要的轉變；有時候你需要放下，以便吸收新的經驗。然而請確保你在事後能夠接地，並回到自己中心。你的其他情緒（你的整個心靈），歷經喜悅擴展的時期後需要重新整合。

如果你試圖禁錮喜悅，它就會變得誇大或不穩定。當喜悅不穩定，可能會變得劇烈形成狂躁，很重要的是要小心，並且保持警覺——特別是如果你經歷的是憂鬱的強烈喜悅週期。請記得如果你的情緒失去平衡，請尋求協助。（請見第四部分）。

此外，喜悅也會與哀慟相伴而生，因為這兩種情緒都涉及交流與連結。如果你能允許自己哀慟，當你歷經深度的哀慟，進入療癒之河，經常會感受到喜悅的浪潮出現。

有助處理喜悅的練習

> **同理心正念練習**：接地並集中精神～親手接地～有意識的抱怨（獨自或協同夥伴）～回春

> **其他練習**：身處大自然～與所愛的人事物連結～置身美的環境中

你不妨圈出上述練習中，你覺得對你感受喜悅有幫助的項目。

你的個人滿足練習

花點時間感受一下幸福的內心問題：是什麼為我帶來深刻的連結與無限的拓展？我如何整合這種光彩奪目的經驗？

許多人都被教導將喜悅當作神奇的高峰經驗應該要追捕與禁錮，這十分不智，因為喜悅是人類自然的情緒，它就在所有人心中。而所幸喜悅不需要總是那麼強烈，讓人無法承受；你可以透過一些簡單的方式體驗到它。

感受一下你的喜悅,寫下一些讓你感到輕微或中等程度喜悅的簡單經驗,像是觀賞充滿活力的夕陽、找回失物、跟好友一起同樂歡笑等。在你無法感到喜悅時,你可以回到這裡提醒自己。

| 第四部 |
支持你的情緒生活

以下資源將幫助你培養
並支持你的情緒技能與意識。

多少情緒算是太過？

我們都經歷過情緒似乎過度活躍的時刻，有時候那種活躍度是需要的，舉例來說，當你有大量的工作必須完成，你的焦慮就需要持續待命幾週甚或幾個月。

在很多情況之下，靠著同理心正念練習，有技巧的引導這些情緒訊息，你都有辦法處理這些活躍或者一再出現的情緒。然而也會發生你需要協助才能處理情緒的時候，而當任何情緒過頭了，有些很明顯的跡象能幫助你知道這點。

當你的情緒一再出現而且無法解決，
或者讓你與身邊的人難以承受，就是過度了。
這就是該了解發生什麼事的時候。

通常當你傾聽並用心引導訊息，你的情緒就會回應你的理解並解除，不過當你有某個情緒持續不斷而且無法自行消退，無論你問了多少次它的內心問題或者接收它要給你的禮物與技能都沒有進展，那就是你該尋求幫助的明顯跡象。

有任何情緒讓你感覺太過度了嗎?如果有的話,是哪種(些)情緒?

a. 請翻閱那個(些)情緒的章節,那個(些)情緒要帶給你的獻禮與技能是什麼?

b. 這些情緒是否正在回應你生活中發生的某個情況?

到底是情緒太過，還是處境太過？

如果任何高度活躍或不斷出現的情緒是回應你生活中的某個難以承受或不健康的情況，那麼這情緒並未太過，而是處境太過，你的情緒回應是恰當的。

舉例來說，在你的生活中不斷出現憤怒，而且你知道它讓你有辦法辨識自己的價值觀，並設立或恢復更恰當的界限，讓你維持自我，那麼是否有什麼原因讓它必須如此頻繁的出現呢？當你詢問憤怒的內心問題（我在乎什麼？什麼是我必須保護和恢復的？），你是否感覺界限受到威脅？或者界限持續受到侵犯？你的憤怒這麼頻繁出現是否有其理由？它是否正在告訴你某些真相？你的憤怒是不是試圖在幫助你？

如果是的話，你可能需要對外尋求幫忙，並不是要消滅情緒，而是找出你的情緒正在反應的某個有問題的情況。當你找出那個狀況，你的情緒可能就有辦法放鬆並降低一點。

你的情緒需要高度活躍的時機

某些情緒他們本質上會變得非常活躍，舉例來說，**焦慮**由於專注在未來，本來就是種很活躍的情緒，而從本質上來說，焦慮會讓你不接地。當你專注未來的任務或截止期限時，它也把你帶離當下。

如果你還沒有一個能應付焦慮的練習，你不了解當恐懼或危險的感覺出現的時候恐慌也會同時存在，那麼你就很容易會被這兩種強大的情緒影響而焦躁或被淹沒，此時你可能會需要醫療或療癒的支持，

來幫助你的身體與情緒平靜下來。你可以學習如何處理自己的焦慮和恐慌,以便在這兩種重要的情緒出現時,能夠穩住並專注自己。

羞愧也是另一個可能會變得非常活躍,而且反覆出現的情緒,不管是因為你不停做出與自己道德觀不相符的行為,或者它正在回應已經過時需要燒毀並重新協議心理契約的羞愧訊息。

情境型憂鬱如果持續過長,可能會演變成輕微的憂鬱稱為「輕鬱症」(dysthymia),或者變成嚴重的憂鬱症。如果發生了這樣的情況,你需要對外尋求幫助,在這種情況下你可能會出現自殺衝動,再次重申,你會需要他人協助。

喜悅也有可能因為憂鬱的週期反覆來去,這種週期性的喜悅被稱為狂躁,這種狀態需要被嚴肅看待,因為喜悅會很自然的讓你放下界限、不夠務實,並且與恐懼家族中的那些重要的情緒失去連結。

定格恐慌也可能會循環出現或變得十分活躍,做些有療癒作用的行動(而不是模稜兩可行動),能幫助你的身體平穩下來,找到一種身體的療癒練習也會幫上你的忙。

憤怒也可能會不斷出現,並且非常活躍(特別是男性)。在憂鬱的情況下,憤怒可以激發活力與敏銳的專注力,不過憤怒往往容易不分青紅皂白,如果你面臨持續性暴怒,請尋求協助。

依靠情緒背後深刻的智慧

以上這些情況,你的情緒都因很重要的原因而變得強烈,它們正在通知你事情有問題,但情緒本身不是問題。你與它們需要藉由協助來辨別並找出問題所在,這樣你的情緒就能回到正常運作的狀態!

由於情緒非常強大，處於持續出現的狀態會讓你不安寧，因此專注於情緒會需要你改變生活形態（或找到治療協助），來幫助你了解並因應你的情緒幫你點出的問題。

　　你也可以跟我們合格的 DEI 諮詢師合作，直接面對那些強烈又持續不斷的情緒。它會讓你知曉關於你與你的周遭，極其重要甚至改變你人生的事。

　　好好照顧自己，支持情緒中帶有的智慧，緊密的傾聽它們，以便你可以採取它們（或者你自己）所需要的療癒行動。情緒無法取代、十分必要，而且十分睿智。當你感覺太過度時，問問自己，這是情緒太過，還是處境太過呢？

因應活躍情緒的反思問題

現在出現的是哪種情緒？

a. 請閱讀本書中那個情緒的章節。那個情緒為你帶來什麼獻禮？

b. 那個情緒的內心問題是什麼？

c. 是什麼情況把這種情緒帶出來？

d. 你和你的情緒需要什麼樣的協助？

你的個人活躍情緒練習

當你更直接與你的情緒連結,你就有辦法追蹤它們隨著時間流動的狀況。觀察那些經常呈現強烈而活躍的情緒,是什麼事情讓它們前來?看看你是否能找出情緒反應的模式並寫下對你有幫助的事。

活躍的情緒	情況	會有幫助的事

情緒詞彙表

　　大量而清晰的情緒詞彙能夠（自動）幫助你培養情緒調節技能。甚至也有研究顯示，大量的情緒詞彙能保護你心理、身體與情緒的健康！

　　我的情緒詞彙表是依照情緒的英文字母與強烈程度來排列，它是十多年來在我的 DEI 社群中集結而來，請注意我已經加入了情緒蘊含的獻禮、技能與智慧。

　　你可以在我的網站下載整份清單（現在已經有 10 種語言版本！）。也請享受建立自己的詞彙！

個人化你的情緒詞彙表

　　了解你的情緒：當你學習與你的情緒合作，你可以利用這份詞彙清單幫助你辨別自身目前的感受（以及活躍程度）。這是讓你了解自己情緒的面貌以及與情緒連結的一種簡單的方式。

　　選出最喜歡的詞彙：當我們跟孩童一起工作時，在他們學習辨認情緒的同時我們會請他們選出最喜歡的詞彙。你也可以為自己的狀態，寫下自己最喜歡的字詞，變成你個人化的詞彙清單，這樣當你有需要時，會更容易產生連結。

　　悠遊於細微變化：如果你有任何情況強烈襲來時，這份清單能幫

助你學會如何分辨這種情緒輕微時的狀態。

如果你容易產生某種情緒的強烈狀態，學習它們的輕微狀態能幫助你找到它想帶給你的獻禮，詢問它的內心問題，在更早的階段就關注它。

另一方面來說，如果某個情緒似乎無法出現，研究情緒的輕微詞彙以及它的獻禮與技能，可以幫助你開始追蹤這個比較細微的情緒。有時候，你已經針對一個情緒或多個情緒做該做的事（舉例來說，在輕微憤怒的時候設立清楚的界限，或者在輕微恐懼的時候，注意自己的本能與直覺），如果是這樣的話，這些情緒可能就不需要這麼常以中等或強烈的程度出現！

憤怒、冷漠與仇恨		
輕微憤怒、冷漠與仇恨	中等憤怒、冷漠與仇恨	強烈憤怒、冷漠與仇恨
舉棋不定～惱火～有主見～平靜～確定～自信～壞脾氣～暴躁～挑剔～生氣～疏離～堅決～有鑑別力～不關心～不高興～心煩意亂～沮喪～值得尊敬～不耐煩～獨立～急躁～惱怒～保護～安靜～耿耿於懷～安全～自我肯定～分離～穩定～沒有想法	冒犯～惱人～憤怒～被惹怒～淡漠～傲慢自主～意識到自己的陰暗面～無聊～寒毛豎立～有眼光～冷酷～大膽～防禦～有尊嚴～不感興趣激怒～氣憤～冷漠～憤慨～火冒三丈～無精打采～惱火～被冒犯～受保護～不滿～義憤填膺～嘲諷～具自我意識～敏銳～主權～忠貞不渝～界限分明	攻擊性～震驚～捲入衝突～苦澀～輕蔑～厭惡精力充沛～兇猛～狂怒～帶恨意～敵對～虛偽～整合～忿忿不平～盛怒～憎恨～威脅～麻木～激情～敏銳地～注意強大～投射～狂暴～咆哮～胡言亂語～正義魔人～沸騰～陰暗面資源～防護～惡意～轉型～置之不理～無反應～復仇～惡毒～記仇～暴力

羞愧與罪惡感		
輕微羞愧與罪惡感	中等羞愧與罪惡感	強烈羞愧與罪惡感
尷尬～有責任心～體貼～正派～狼狽～道德感～臉紅～慌亂～寬容～猶豫～誠實～謙虛～有所保留～被束縛～自我意識	窘迫～抱歉～慚愧～懊惱～悔悟～有罪～有尊嚴～不好意思～罪惡感～光榮～謙卑～恐嚇～公正～道德～高尚～懺悔～有原則～後悔～悔恨～責備～受人尊敬～苦笑～自嘲～自尊～羞怯～抱歉～說不出話～正直～願意改變～退縮	被輕視～良心不安～喪失尊嚴～被貶低～醜聞～內疚～自責～被羞辱～剛正不阿～無地自容～被排擠～投射～正義魔人～自我譴責～反求諸己～害臊～汙名化

混亂		
輕微混亂	中等混亂	強烈混亂
適應力強～多變～多疑～天真～可塑性高～開放～若有所思～全神貫注～困惑～不易專心	舉棋不定～措手不及～不清楚～迷茫～沉思～漂浮～模糊～選擇性障礙～涅亂～含糊～茫然～眼神空洞～不確定～注意力不集中	糊塗～慌亂～迷失方向～逃跑～動彈不得～迷失～滿頭問號～不知所措～分散～懸念～缺乏時間感～等待

焦慮		
輕微焦慮	中等焦慮	強烈焦慮
有能力～頭腦清晰～有條理～做好萬全準備	活躍～不安～用心～有能力～有責任心～有截止日期意識～高效率～精力充沛～激動～具前瞻性～主動～緊張～準備好～任務導向～警惕～擔心	富有成就～富有動力～瘋狂～過動～高度聚焦～緊迫～精力充沛

恐懼與恐慌		
輕微恐懼與恐慌	中等恐懼與恐慌	強烈恐懼與恐慌
警覺～憂慮～覺察～小心～謹慎～頭腦清晰～關心有意識～好奇～恍神～憂慮～急躁～煩躁～猶豫～沒有安全感～本能～直覺～猜疑～清醒～留意有方向～若有所思～洞察力～害羞～膽怯～心神不寧～警惕	害怕～驚慌～用心～反感～不信任～精神失常～擔心受怕～聚焦～神經質～煩躁～驚慌～準備好～隨機應變～尋求安全～顫抖～吃驚～懷疑～手足無措～不安～精力充沛～謹慎	解離～充滿懼怕～瘋狂～創傷癒合～震驚～過動～動彈不得～高度聚焦～一動也不動～驚恐～麻痺～嚇呆～恐懼～重新整合～自保～驚嚇～聚焦在生存～恐怖～暴力

嫉妒與羨慕		
輕微嫉妒與羨慕	中等嫉妒與羨慕	強烈嫉妒與羨慕
關心～有聯繫～懷疑～公平～沒有安全感～受到啟發～保護～具自我意識～信任～脆弱～慾望	多情～野心勃勃～束縛～承諾～貪婪～要求過高～渴望～奉獻～不尊重～不信任～妒忌～平等～慷慨～守護～飢渴～嫉妒～公正～孤獨～表達愛意～忠誠～主動～富足～浪漫～安全～自保～受到威脅～謹慎	富裕～熱情～貪婪～固執～匱乏～貪吃～貪財～貪心～嫉妒得眼紅～盼望～好色～癡迷～激情～持續嫉妒～佔有慾強～不滿～狼吞虎嚥

幸福、滿足與喜悅		
輕微幸福、滿足與喜悅	中等幸福、滿足與喜悅	強烈幸福、滿足與喜悅
有趣～平靜～舒適～鼓勵～投入～友善～充滿希望～受到啟發～歡樂～天真～開放～平和～微笑～不自覺～輕鬆愉快	欣賞～開朗～自信～滿足～高興～激動～自我實現～興奮～開心～欣慰～快樂～健康的自尊～精神飽滿～喜悅～活潑～歡樂～樂觀～嬉戲～樂意～值得讚揚～自豪～回春～呵呵笑～不切實際～不接地	傲慢～充滿敬畏～極樂～狂喜～自我中心～得意洋洋～著迷歡愉～異常興奮～友善健談～輕狂～頭昏腦脹～容易上當～漫不經心～膨脹～興高采烈～狂躁～健忘～過度自信～欣喜若狂～容光煥發～狂熱～魯莽～恢復～心滿意足～自我誘惑～刺激

悲傷與悲慟		
輕微悲傷與悲慟	中等悲傷與悲慟	強烈悲傷與悲慟
沉思～失望～脫節～流暢～接地～無精打采～低氣壓～穩定～後悔～放鬆～釋放～寧靜～依依不捨	洩氣～失去信心～灰心～情緒低落～筋疲力盡～悲慟～心情沉重～懷念～哀嘆～傷感～哀悼～如釋重負～回春～回憶～尊重～恢復～悲傷～舒緩～悲痛～沒有活力～哭泣	痛苦～失去親人～淨化～絕望～灰心喪志～淒涼～悲痛欲絕～心碎～傷心欲絕～鬱悶～釋放～重新喚起活力～成聖

憂鬱與自殺衝動		
輕微憂鬱與自殺衝動	中等憂鬱與自殺衝動	強烈憂鬱與自殺衝動
淡漠～失去信心～不感興趣～灰心～受迫害厭倦～覺得自己毫無價值～平淡～無助～無幽默感～衝動冷漠～孤立～昏昏欲睡～無精打采～悲觀～務實～無目的～現實～堅決～疲倦～退縮～厭世	失去親人～確定～持續煩躁、憤怒或狂暴（請參閱上面的憤怒、冷漠與仇恨）～崩潰～憂鬱～孤立絕望～筋疲力盡～解放～空虛～宿命論～陰鬱蟄伏～無助～動彈不得～不活躍～向內聚焦～無趣悲慘～病態～不知所措～沒有熱情～沒有樂趣～悶悶不樂	苦澀～痛苦～黯淡～尋死～毀滅～死亡～釋放～定格～重大打擊～解放～虛無～麻木～重生魯莽～自我毀滅～自殺傾向～折磨～虐待～轉變

關於自殺衝動的提醒：如果你有任何自殺的念頭，請在中等或強烈程度之前便尋求協助。如果你在自殺衝動輕微階段就辨識出來，可以避免陷入極度的痛苦或傷害自己。

當你的自殺衝動處於輕微狀態像是悲觀或厭世時，你可以問問自己：哪些情況與行為現在必須結束？我的靈魂裡再也不能容忍什麼？當自殺衝動處於輕微狀態，你往往可以做出所需要的改變，而不演變成強烈狀態像是折磨或自我毀滅。

在自殺衝動的領域中，你對情緒的覺察與敏感度可以名符其實的救你一命！

如果你知道任何人正感覺想要輕生，有很多義務性保密的服務可供使用。回到本書自殺衝動的篇章，找到自殺防治相關的專線服務資料。

感謝你情緒的充沛，以及你願意對外尋求協助。謝謝你為問題重重的世界，帶來更多情緒的覺察與同理心。

其他非特定情緒詞

當你發展出自己的情緒詞彙，你就會注意到很多人詞彙能力不強或者對討論情緒感到不自在。所幸這不妨礙你發展自己對情緒的覺察力與技能。

如果別人無法辨認或者談論情緒（抑或是他們對於情緒真實的名稱感到受侵擾或冒犯），你可以用非特定的字詞來溫和的讓人意識到情緒的存在。如果你可以把觀察到的變成一個提問（或者運用這樣的句子：「你是不是感覺……」），你就能幫助他人開始發展自己的情緒覺察與詞彙。

我們找出了 9 個很有幫助，又非特定的情緒詞彙，其中 3 個最為神奇，因為幾乎所有情緒你都可以用它們形容。它們就是：**很糟糕、壓力很大、不快樂**。這些用來稱乎多數情緒都很能被接受，而且通常不會冒犯他人。

另外 3 個有幫助的詞彙是：**受傷、不知所措、心煩意亂**。然而你可能需要小心運用這些詞，因為它們代表這個人痛苦掙扎或者脆弱，很多人不想承認他們有這種感受。請斟酌判斷。

還有 3 個詞彙，人們會想要用來隱藏他們的情緒：**很好、還好、隨便**。

請留意，這 9 個詞彙是如何被用來形容各種情緒，除了幸福、滿足與喜悅之外。這很令人驚訝，不過這也解釋了為什麼這麼多人對於發展出情緒的覺察與情緒的技能這麼困難——這兩者都仰賴豐富的情緒詞彙！

自由運用：**很糟糕、壓力很大、不快樂**

小心運用：**受傷、不知所措、心煩意亂**

迴避時使用：**很好、還好、隨便**（當然，大家也會用很多其他詞彙來迴避情緒）

> 花點時間寫下一些溫和的詞語或問題，在人們很明顯感覺有情緒，但又無法（或者不願）說出來時可供運用。很重要的是，不要幫他人命名他們的情緒（那是侵犯界限的事），不過取而代之的是可以創造一個接納的空間，讓他們開始去辨認自身的情緒狀態。

謝謝你創造了情緒覺察的空間，這世界正等待這樣的環境，即使在需要不特定的覺察的情況！

參考資源

當你繼續朝著情緒覺察的冒險旅程前進時，以下資源會幫助你、你的情緒、你的同理心、你的關係以及你的療癒。

支援網站

同理心學院（EMPATHY ACADEMY）：empathyacademy.org

這是「動力情緒整合」（Dynamic Emotional Integration，簡稱 DEI）線上社群與學習網站，是你繼續探索自己的情緒與同理心時不錯的園地。你可以進入社群空間或者加入各種課程，像是情緒、同理心、同理心正念練習、藝術、律動、自我照顧與溝通等。你也可以找到世界各地合格的 DEI 訓練師與諮詢師，並與他們合作，也可以了解 DEI 的授證課程。

協助引導（HELP GUIDE）：helpguide.org

這個網站提供很棒的關於心理與精神狀況的免費支援與資訊，並以一種接納與不危言聳聽的方式提供服務。這個網站幫助你了解你的（或他人的）狀況，看清前進的方向。

卡拉‧麥拉倫（KARLA MCLAREN）：karlamclaren.com

我的網站有豐富的資訊，大量免費的東西與資源，包含牌卡、參考指南、口袋版情緒詞彙表，以及我所有書籍與有聲學習套組。我的

部落格有更多的資訊，包括每種情緒、我的「同理心六大核心面向」模型（Six Essential Aspects of Empathy model），以及我近期剛好有興趣的所有事！

情緒健康與幸福

- Barrett, Lisa Feldman. *How Emotions Are Made: The Secret Life of the Brain.* New York: Houghton Mifflin Harcourt, 2017.
- Devine, Megan. *It's OK That You're Not OK: Meeting Grief and Loss in a Culture That Doesn't Understand.* Boulder, CO: Sounds True, 2017.
- Dodes, Lance. *The Heart of Addiction: A New Approach to Understanding and Managing Alcoholism and Other Addictive Behaviors.* New York: HarperCollins, 2002.
- Hecht, Jennifer Michael. *The Happiness Myth: Why What We Think Is Right Is Wrong.* New York: HarperOne, 2007.
- Hochschild, Arlie Russell. *The Managed Heart: Commercialization of Human Feeling.* Berkeley: University of California Press, 2003.
- Lamia, Mary. *Understanding Myself: A Kid's Guide to Intense Emotions and Strong Feelings.* Washington, DC: Magination Press, 2010.
- *What Motivates Getting Things Done: Procrastination, Emotions, and Success.* Lanham, MD: Rowman & Littlefield, 2018.
- Lerner, Harriet. *Why Won't You Apologize? Healing Big Betrayals and Everyday Hurts.* New York: Gallery Books, 2017.
- McLaren, Karla. *The Language of Emotions: What Your Feelings Are*

Trying to Tell You. Boulder, CO: Sounds True, 2023.

陰影工作

- Bly, Robert. *A Little Book on the Human Shadow.* San Francisco: HarperSanFrancisco, 1988.
- Brinton Perera, Sylvia. *The Scapegoat Complex: Toward a Mythology of Shadow and Guilt.* Toronto: Inner City Books, 1983.
- Johnson, Robert. *Owning Your Own Shadow: Understanding the Dark Side of the Psyche.* San Francisco: HarperSanFrancisco, 1993.
- Zweig, Connie, and Jeremiah Abrams, eds. *Meeting the Shadow: The Hidden Power of the Dark Side of Human Nature.* New York: Tarcher/Putnam, 1991.

創傷療癒

- Bonanno, George. *The End of Trauma: How the New Science of Resilience Is Changing How We Think about PTSD.* New York: Basic Books, 2021.
- de Becker, Gavin. *The Gift of Fear: And Other Survival Signals That Protect Us from Violence.* New York: Dell, 1999.
- Levine, Peter. *Healing Trauma: A Step-by-Step Program for Restoring the Wisdom of the Body* (online course). Boulder, CO: Sounds True, 2011.

- McGonigal, Kelly. *The Upside of Stress: Why Stress Is Good for You, and How to Get Good at It.* New York: Avery, 2015.

國家圖書館出版品預行編目(CIP)資料

我的情緒解讀筆記：我現在感覺如何？我怎麼了？我
該怎麼辦？17種情緒即刻應對方案 / 卡拉．麥拉倫
(Karla McLaren) 著；王子敏譯 .-- 初版 .-- 新北市：虎吉
文化有限公司, 2025.02
　　面；　公分 . -- (Mind；9)
　　譯自：The language of emotions workbook : a practical
　　　　　guide to reveal the wisdom in each of your feelings
　　ISBN 978-626-99482-1-5(平裝)

1.CST: 情緒 2.CST: 心理治療 3.CST: 自我實現
176.5　　　　　　　　　　　　　　　　　114001068

虎吉文化

Mind 09
我的情緒解讀筆記
我現在感覺如何？我怎麼了？我該怎麼辦？17種情緒即刻應對方案

作　　者	卡拉．麥拉倫（Karla McLaren）
總 編 輯	何玉美
譯　　者	王子敏
封面設計	楊雅期
排　　版	陳佩君
行銷企畫	鄒人郁
發　　行	虎吉文化有限公司
地　　址	新北市淡水區民權路25號3樓之5
電　　話	（02）8809-6477
客　　服	hugibooks@gmail.com
經 銷 商	大和書報圖書公司
電　　話	(02)8990-2588
印　　刷	沐春行銷創意有限公司
初版一刷	2025年2月27日
定　　價	380元
ＩＳＢＮ	978-626-99482-1-5

THE LANGUAGE OF EMOTIONS WORKBOOK © 2024 Karla McLaren
Complex Chinese language edition published in agreement with Sounds True Inc.
through The Artemis Agency

版權所有．翻印必究

HUGIBOOKS

HUGIBOOKS